Origami
per
bambini

Una semplice guida sugli Origami passo-passo per principianti e bimbi, con oltre 30 Divertenti Progetti: animali, fiori, aerei, farfalle e molto altro!
+ Diversi giochi divertenti.

SOMMARIO

Introduzione

Modulo rivisto ed ampliato:

Ci teniamo a ringraziarti di cuore per aver scelto questo libricino!

Qui troverai molti Origami da poter fare in famiglia: sappi che questo volume è stato interamente tradotto dall'inglese all'italiano da BAMBINI, assieme all'aiuto di adulti, durante un'iniziativa di gemellaggio "Relationships over all" condotta in una scuola materna nella città Londinese (UK) – Kensal Green. Pertanto, certe traduzioni potrebbero non essere perfette.

Speriamo di cuore che tu possa aiutarci anche con una recensione positiva (5 stelle) su Amazon.

Contiamo sulla tua comprensione e ti auguriamo tanto divertimento.

Grazie!

Che cosa sono gli Origami?

Fare Origami è un'arte, perfetta per tutte le età e soprattutto per i bambini piccoli. Dal momento che gli Origami sono abbastanza facili da fare con buone istruzioni, è l'attività ideale per tenere occupato i bimbi.

Il termine "Origami" – dal giapponese *Oru* 折 (piegare) e da *Kami* 紙 (carta) – indica l'arte di piegare la carta per dare vita ad oggetti, animali, figure di fantasia. *Kami* significa anche spirito/divinità, quindi il legame tra qualcosa di materiale e qualcosa di superiore: proprio quello che fanno gli origami, TRASFORMANO un foglio di carta in qualcosa di più "elevato", ovvero complesso!

Noi proporremo qui di seguito origami facili, accuratamente scelti.

Le famiglie con bambini piccoli spesso faticano a trovare attività da fare con i loro figli perché la maggior parte delle cose sono piuttosto costose o richiedono troppo tempo. Fare Origami, invece, è perfetto: veloce, facile e divertente! Basta trovare il tipo di Origami che si è interessati a imparare nel sommario e seguire le istruzioni.

Pronto per iniziare?

Allora cominciamo...

CAPITOLO 1: ANIMALI

Gli animali sono sicuramente uno dei tipi più divertenti di Origami da creare!

Sono abbastanza facili da piegare, con qualche eccezione naturalmente.

Potrai divertirti molto anche dopo averli creati, aggiungendo baffi, occhi, nasini,

tratti del musetto e colore rendendo il tuo animale ancora più realistico!

Divertiamoci ora imparando a piegare questi animali origami facili e carini...

JACK IL CONIGLIO

Tutti amano i coniglietti, giusto? Beh, Jack il coniglio è un "must": se segui le istruzioni passo-passo qui sotto avrai il tuo coniglio.

Un coniglietto Origami è facile da piegare, perfetto durante il periodo di Pasqua, ma non solo!

Pronto? Creiamolo ora!

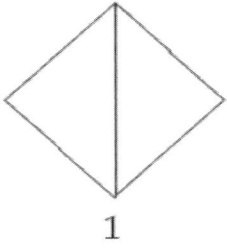

Passo 1:

piega il quadrato di carta a metà, in diagonale, per creare due triangoli isosceli.

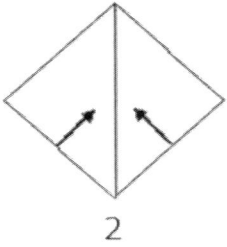

Passo 2:

torna alla posizione iniziale, poi piega entrambi i lati inferiori verso il centro: dovresti ottenere una forma ad aquilone.

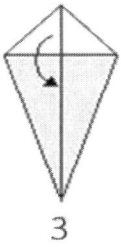

Passo 3:

piega la punta verso il basso, sovrapponendola al corpo del nostro futuro coniglio.

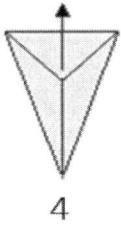

Passo 4:

afferra la punta che hai appena piegato, e che ora dovrebbe essere un lembo, e piegala verso l'alto a metà, come mostrato nell'immagine.

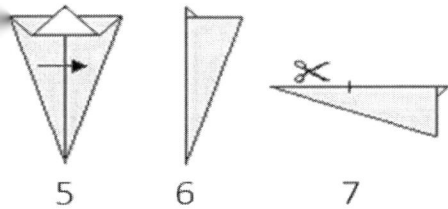

Passi 5-6-7:

piega tutto il foglio a metà verticalmente. Ruotalo verso sinistra per fargli assumere una posizione orizzontale e taglia la punta da sinistra a destra, per circa 1\3 della figura. Segui le indicazioni dell'immagine capire meglio.

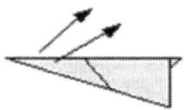

Passo 8-9:
solleva i due lembi ottenuti dalla punta che hai appena tagliato e piegali all'indietro.

Passo 10:
hai ottenuto Jack il coniglietto! Se vuoi una versione migliore, dovresti aggiungere occhi, una bocca e baffi.

Una volta che prendi dimestichezza, sarà facile creare coniglietti di diverse dimensioni! Può essere molto divertente vedere conigli di diversi colori e dimensioni, ed è sicuramente una buona attività per passare il tempo.

Nel periodo pasquale puoi piegare un coniglietto più grande e dipingerlo con tonalità diverse: un'attività perfetta per le famiglie o per le insegnanti con la loro classe!

LA RONDINE

Le rondini si trovano in tutto il mondo, in ogni singolo continente tra cui l'Antartide, spesso le aspettiamo in primavera e sicuramente sono degli animaletti amabili.

La maggior parte degli uccelli origami non sono proprio facili da fare, specialmente le ali… ma la rondine è in realtà è la più semplice da piegare!

Gli uccellini Origami possono essere utilizzati per le decorazioni e la rondine è sicuramente uno dei migliori per tale scopo. È perfetta per tutto l'anno, quindi perché non iniziamo subito?

Segui le istruzioni riportate di seguito per imparare a piegare una rondine straordinaria!

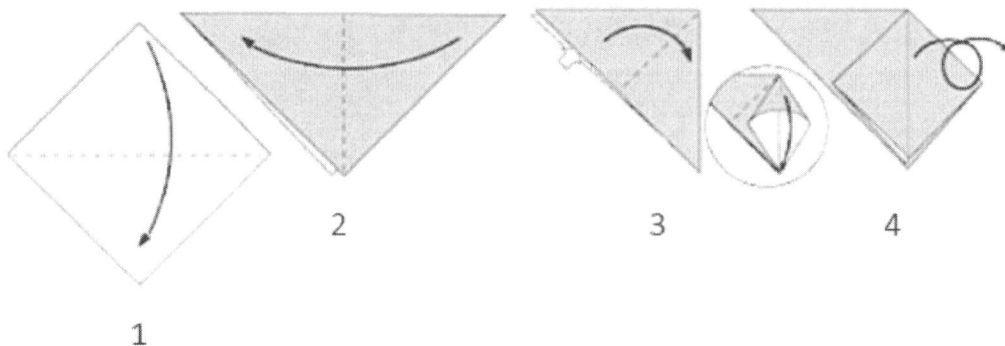

Passo 1:

inizia con un pezzo quadrato di carta Origami, disponilo in diagonale e poi piegalo a metà orizzontalmente: l'angolo superiore deve coprire quello inferiore.

Passo 2:

ora che hai ottenuto un triangolo, piegalo a metà verticalmente: la parte destra deve sovrapporsi alla sinistra.

Passo 3:

procedi piegando solo uno dei due lembi a sinistra sul lembo destro, seguendo la bisettrice: otterrai una sorta di "sandwich" di triangoli.

Passo 4:

apri il sandwich di triangoli spingendo all'infuori la piega interna di un solo strato: otterrai un quadrato, come in figura.

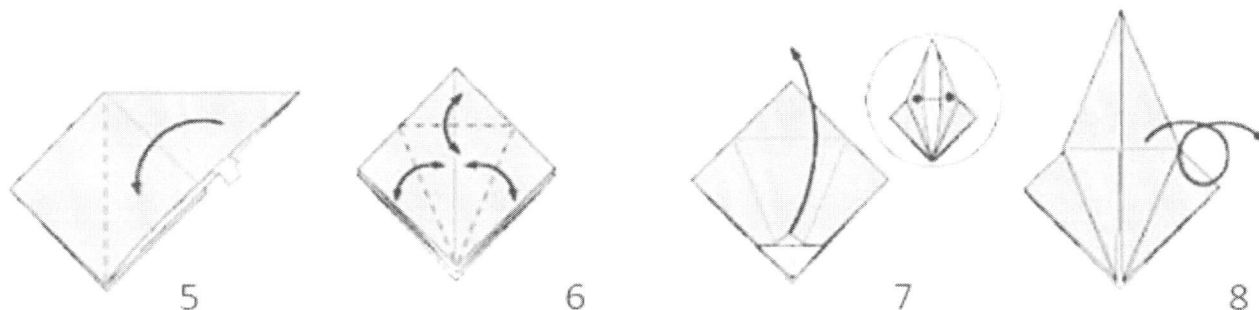

Passo 5:

capovolgi il nostro pezzo di carta, in modo da vedere il "retro".

Piega a metà l'angolo alla tua estrema destra verso il centro: otterrai un rombo.

Passo 6:

piega i bordi superiori del rombo all'interno verso la linea centrale. Parti assicurandoti che l'apertura sia in cima al rombo. Prendi l'angolo destro dello strato superiore e piegalo all'interno e verso il basso in direzione del centro, quindi ripeti la stessa mossa con il lato sinistro. Capovolgi il foglio e ripeti con l'altro strato.

Passo 7:

delicatamente apri tutte le pieghe che hai fatto nel passaggio precedente.

Passo 8:

tira in su l'angolo in basso del rombo, aprendolo. Appiattisci. Capovolgi il foglio e ripeti. Alla fine il tuo foglio dovrebbe avere la forma di un aquilone.

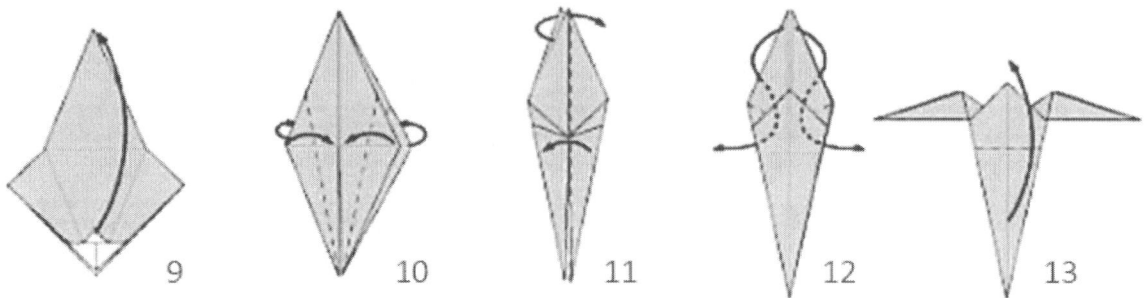

9   10   11   12   13

Passo 9:

tieni il foglio con la tua nuova forma a rombo con l'apertura verso l'alto e piega ciascuna delle due punte verso il basso e verso i lati esterni.

Passo 10:

piega verso il basso gli strati che restano dell'aquilone (davanti e dietro).

Passo 11:

prendi una delle punte laterali che si è formata al passaggio 10 e schiaccia con le dita la punta per formare la testa. Tirala leggermente verso il basso.

Passo 12:

arrotonda le ali. Tirale verso l'esterno lontano dal corpo e arrotondale con le mani.

Passo 13:

Stringi con le dita e tira l'uccello dalla coda e dal collo. Il tuo origami è completo!

SANDY LA TARTARUGA

Le tartarughe sono animali misteriosi, ma al tempo stesso molto belli. Piegare una tartaruga Origami è molto divertente, soprattutto quando si arriva a confrontarle alla fine e vedere a chi è riuscita meglio.

E' molto semplice da fare, ci sono un sacco di modi per piegarla! Tuttavia quello qui sotto è di gran lunga il più facile da imparare!

Se vuoi fare una tartaruga Origami dall'aspetto fantastico, segui la guida qui sotto: pronto? Grande! Cominciamo...

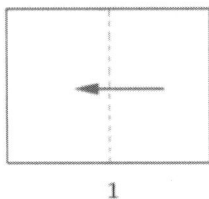

Passo 1:

utilizza una carta in formato A4, preferibilmente colorata su entrambi i lati.

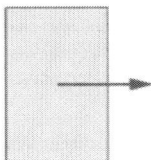

Passo 2:

piega il tuo pezzo di carta a metà, seguendo un'asse verticale.

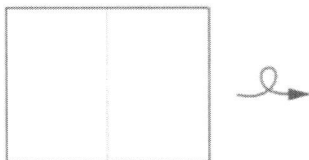

Passo 3:

riapri il foglio e capovolgilo a faccia in giù, in modo che la piega sia rivolta verso l'alto.

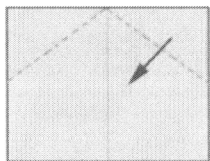 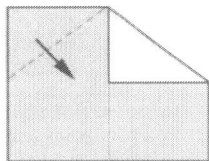

Passi 4-5:

piega entrambi gli angoli superiori della carta seguendo le linee triangolari mostrate nelle figure.

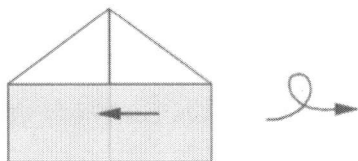

Passo 6:

capovolgi la carta di nuovo sul lato originale (quello dei passaggi 1 e 2).

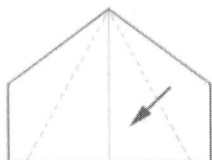 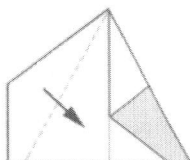

Passo 7-8:

piega entrambi i lati verso il centro, seguendo le pieghe mostrate in figura. Dovresti ottenere una forma a diamante nella parte superiore della carta.

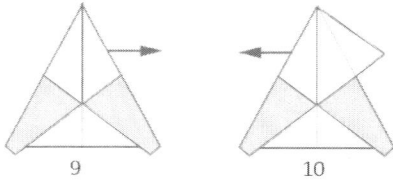

Passo 9-10:

mantenendo sempre la posizione del foglio, apri le pieghe della parte superiore create ai passaggi 4 e 5.

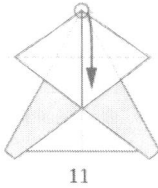

Passo 11:

piega verso di te tutta la parte superiore della carta (che comprende i due lembi che hai appena aperto). La piegatura deve essere fatta a metà, orizzontalmente.

Fai scorrere il dito sulla piega per far mantenere alla carta la propria posizione.

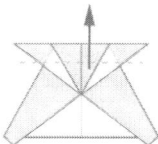

Passo 12:

dal passaggio precedente hai ottenuto una parte superiore dalla forma triangolare.

Procedi piegando solamente lo strato di carta superiore e piegalo verso l'alto, lungo l'asse orizzontale.

La piegatura dovrebbe trovarsi a circa 2/3 della lunghezza totale dei lembi.

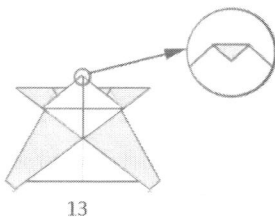

Passo 13:

prendi l'estremità del lembo che hai appena aperto e fai una piccolissima piegatura verso di te.

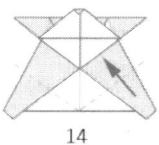

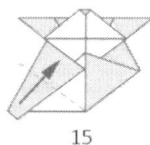

Passi 14-15:

prendi gli angoli interiori del tuo pezzo di carta e pigali verso il centro, seguendo le linee mostrate nelle figure. Le punte devono toccarsi lungo l'asse centrale.

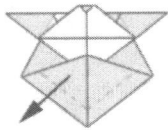

16

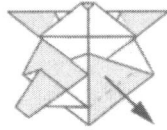

17

Passi 16-17:

piega gli angoli che abbiamo appena visto verso l'esterno, seguendo le linee mostrate nelle illustrazioni.

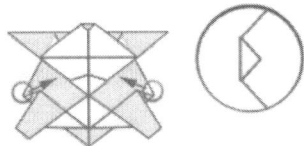

18

Passo 18:

attorciglia gli angoli esterni della parte centrale (segnati con il cerchio in figura).

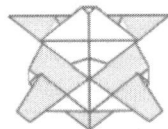

19

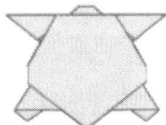

20

Passo 19-20:

capovolgi l'intero foglio carta sull'altra faccia: ora hai una tartaruga!

Se non hai usato carta verde, puoi dipingere la tartaruga di quel colore per darle una finitura migliore.

RICO IL GATTO

I bambini adoreranno piegare un gatto Origami e coloreremo anche il suo viso.

I gattini sono perfetti per gli Origami: carini e molto facili da fare!

Segui i passaggi seguenti per avere il tuo gatto personalizzato in pochi minuti!

Sei pronto a crearlo? Perfetto! Mettiamoci a piegare...

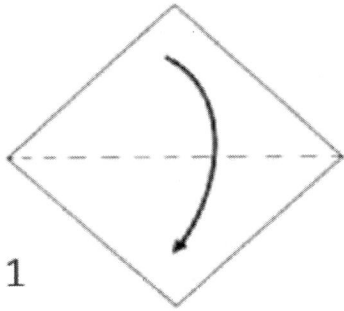

Passo 1:

inizia con un pezzo quadrato di carta, meglio se colorato su entrambi i lati. Disponilo a rombo e piegalo a metà orizzontalmente.

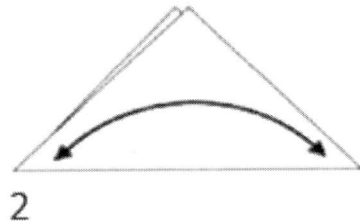

Passo 2:

ottenuto un triangolo, piegalo a metà verticalmente, con la parte destra sulla sinistra.

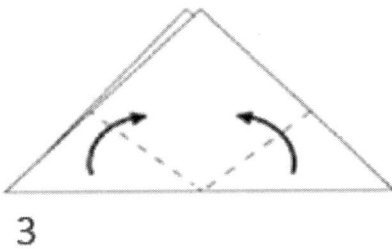

Passo 3:

per creare le orecchie, piega gli angoli inferiori sinistro e destro verso il centro, seguendo le linee segnate in figura.

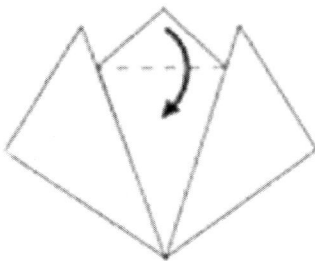

Passo 4:

piega l'angolo superiore centrale verso il basso.

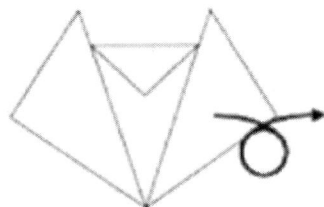

Passo 5:

capovolgi la carta dall'altra parte (sul retro).

Disegna occhi, baffi e naso: una volta fatto, avrai ottenuto un bel gattino!

PENNY IL CUCCIOLO

Tutti amano i cani, soprattutto i cuccioli! Beh, non ti piacerebbe essere in grado di realizzare il tuo cucciolo? Forse vuoi che qualcuno tenga compagnia a Rico il gattino...

Dai, segui le istruzioni passo qui sotto e avrai il cucciolo Origami più adorabile di sempre!

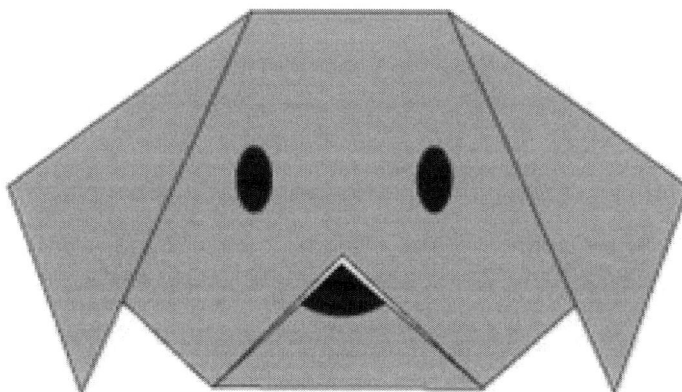

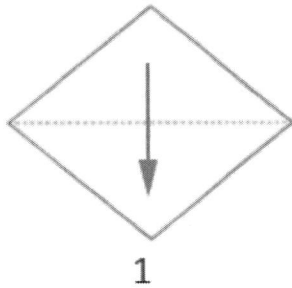

Passo 1:

utilizza un pezzo quadrato di carta, colorato su entrambi i lati. Disponilo diagonalmente e piegalo a metà lungo l'asse orizzontale: l'angolo superiore deve sovrapporsi a quello inferiore.

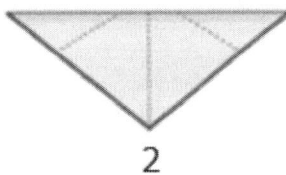

Passo 2:

ora piega il foglio a metà verticalmente, per ottenere una piega.
Riaprilo nella posizione ottenuta alla fine del passaggio 1.

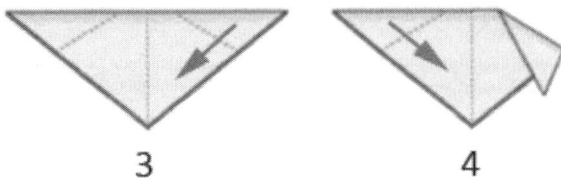

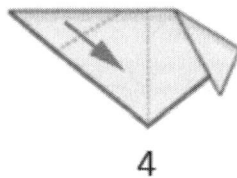

Passi 3-4:

per formare le orecchie, piega gli angoli destro e sinistro verso il centro seguendo le linee segnate dall'immagine.

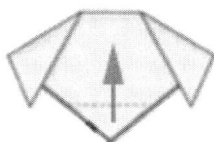

5

Passo 5:

piega l'angolo interiore centrale verso l'alto. che hai appena piegato verso te stesso. Questa sarà la lingua!

6.

7

Passi 6-7:

tutto ciò che resta da fare ora è aggiungere occhi, naso e colorare la lingua!

Eccoti un bellissimo cucciolo!

LUCAS IL PESCE

Sicuramente gli Origami di creature marine sono tra i più amati e ricercati. Perché non imparare a piegarne uno?!

Un semplice pesce Origami è perfetto per i bambini: è sempre divertente colorarlo aggiungendoci occhi e squame.

Una volta che avrai imparato a fare questo pesciolino, potrai realizzarne molti di più, raggruppandoli. Dai, ora divertiamoci!

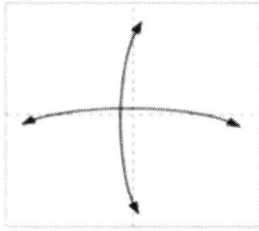 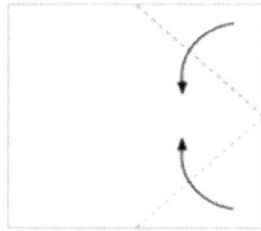 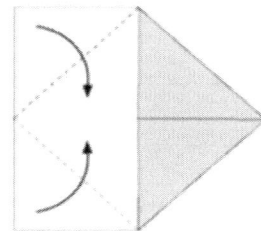

1   2   3

Passo 1:

prendi un pezzo quadrato di carta Origami, piegatelo a metà sia in orizzontale che in verticale: dovrai ottenere due pieghe che dividono il foglio in quattro porzioni.

Passo 2:

Dispiega il foglio per farlo tornare alla posizione iniziale, poi piega gli angoli della metà di sinistra verso il centro, seguendo gli assi diagonali mostrati in figura.

Passo 3:

Ripeti il passaggio 2 per gli angoli della metà di destra.

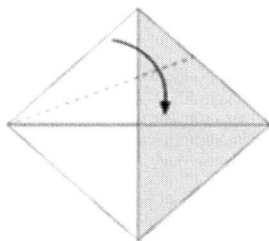 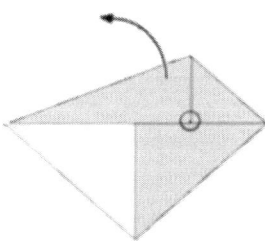 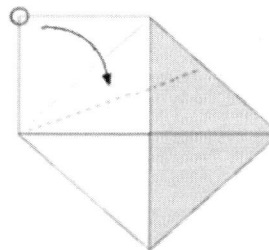

4   4a   4b

Passo 4:

piega l'angolo in alto verso il centro, seguendo l'asse diagonale mostrata in figura. Il lato più lungo del triangolino che abbiamo piegato deve adagiarsi lungo l'asse centrale orizzontale.

Passo 4a:

ora apri le piegature che hai appena fatto in modo da tornare ad ottenere la porzione quadrata in alto a destra.

Passo 4b:

ripiega il quadrato secondo l'asse mostrato nella figura.

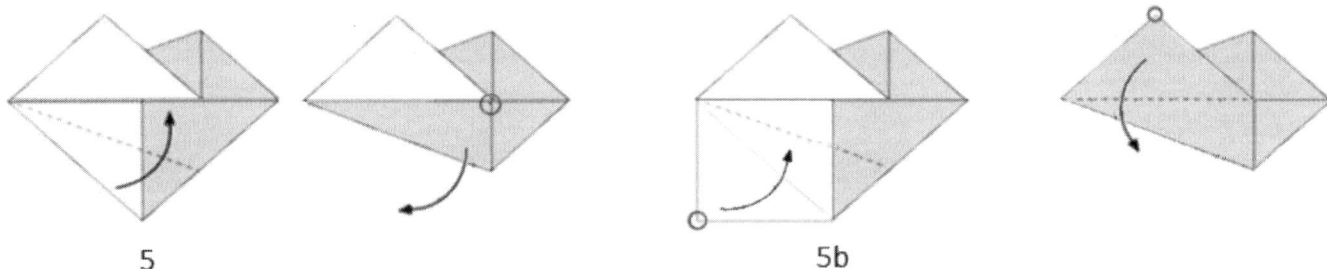

5   5b

Passo 5:

prendi l'angolo inferiore e piegalo verso l'alto orizzontalmente, in corrispondenza dell'asse centrale orizzontale del pezzo di carta.

Passo 5b:

ripeti i passaggi 4-4a-4b-5 per la porzione inferiore sinistra del foglio.

Otterrai un rombo, creato da due triangoli isosceli.

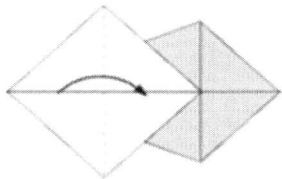
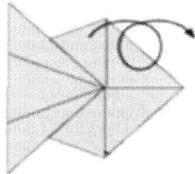
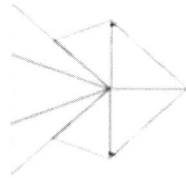
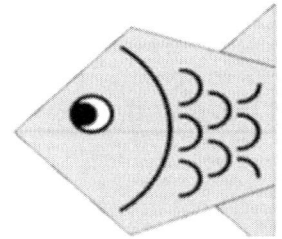

6   7   10

Passo 6:

piega l'angolo sinistro del rombo verso il centro, verticalmente.

Passo 7:

capovolgi il pezzo di carta, in modo da vederne il retro.

Hai ottenuto il tuo bellissimo pesce! Ora disegna occhi e squame per renderlo ancora

più bello! Creane altri di colori diversi per creare un banco di simpatici pesciolini!

IL CIGNO

Tutti conoscono il cigno origami: sicuramente lo hai visto o sentito almeno una volta!

Imparare a piegarlo è in realtà abbastanza semplice: i cigni sono animali bellissimi, ed essere in grado di replicarne l'eleganza attraverso un Origami è incredibile! Sono sempre tranquilli e regali mentre galleggiano sulle acque di un fiume o di un lago. Riuscire a creare un animale così grazioso è un bel risultato e ti darà soddisfazione una volta fatto! Se desideri imparare, segui le istruzioni qui sotto: divertiti!

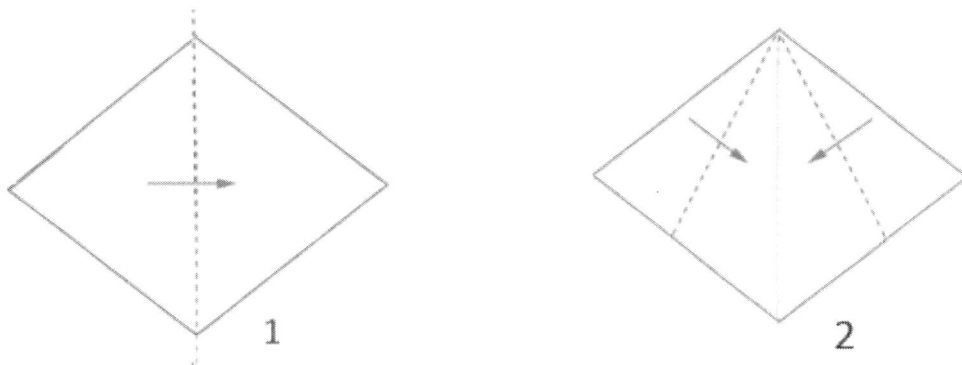

1

2

Passo 1:

inizia con un pezzo di carta quadrato, con il lato bianco rivolto verso l'alto.

Disponilo diagonalmente e piegalo a metà verticalmente.

Poi riaprilo.

Passo 2:

piega i bordi sinistro e destro verso il centro, seguendo le linee mostrate in figura:

otterrai una forma ad aquilone.

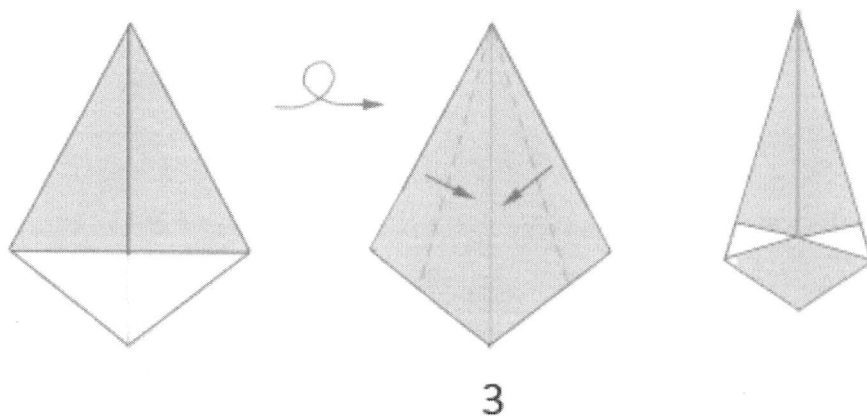

3

Passo 3:

capovolgi il pezzo di carta, in modo da avere il retro (la parte colorata) verso di te.

Piega i bordi sinistro e destro verso il centro, seguendo le diagonali segnate nell'illustrazione: i lati si dovrebbero toccare lungo l'asse centrale verticale.

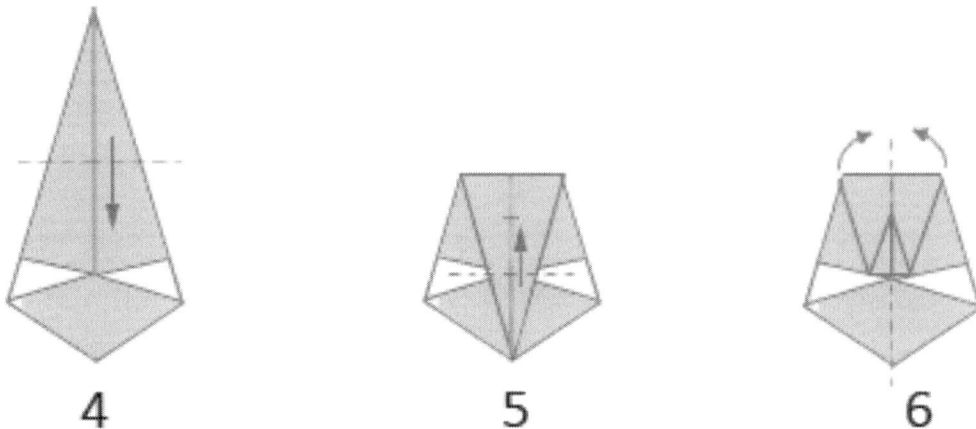

Passo 4:

piega l'intero foglio a metà orizzontalmente: in questo modo creerai il collo del cigno. Il triangolo superiore si deve sovrapporre alla parte interiore.

Passo 5:

prendi l'angolo inferiore del triangolo e piegalo verso l'alto: questa parte diventerà la testa. Il lembo piegato dovrebbe corrispondere ad un 1/3 della lunghezza totale.

Passo 6:

piega l'intero pezzo di carta a metà, verticalmente. La piegatura va fatta verso il tavolo, come si evince dalla figura 7.

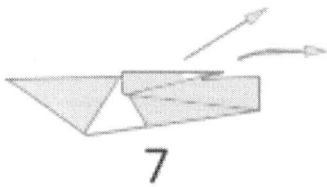

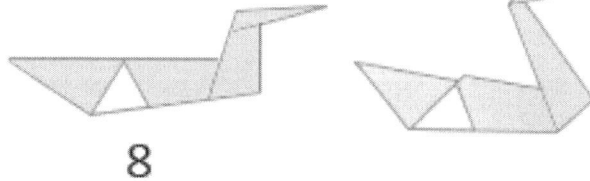

Passo 7:

solleva la testa e il collo del cigno (ovvero i triangoli creati ai passaggi 4 e 5), per far assumere loro una posizione realistica.

Passo 8:

ora che hai seguito tutte le istruzioni, hai un cigno!

Puoi aggiungere degli occhi se lo desideri, e magari realizzare qualche altro cigno per formare una piccola famiglia!

Puoi piegare cigni di diverse dimensioni e posizionarli tutti insieme come ornamenti su davanzali, tavoli, camini o ovunque tu voglia! Sono decorazioni molto suggestive! Complimenti per aver completato il tuo origami!

BILL IL MAIALE

I maiali sono uno degli origami più semplici da creare, un ottimo punto di partenza per bambini o principianti. Questo musetto di maialino è molto facile da creare, ma ha un bell'aspetto. Prima di realizzare il corpo dovrai imparare a fare la "faccia".

Ci sono molti modi per piegare un origami: la maggior parte sono difficili... ma in questo libro tutto è facile! Seguendo la procedura dettagliata riportata di seguito otterrai senza sforzi un risultato soddisfacente.

Pronto a piegare il tuo maiale Origami?

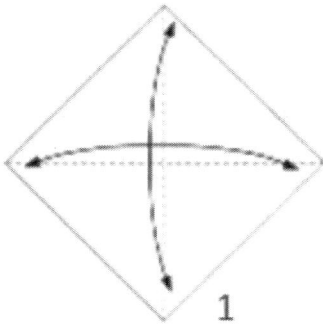

Passo 1:

inizia con un pezzo quadrato di carta, preferibilmente colorato su entrambi i lati. Disponilo in diagonale e piegalo sia orizzontalmente che verticalmente, per suddividerlo in quattro parti. Poi riaprilo.

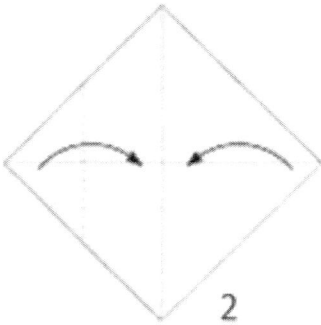

Passo 2:

piega l'angolo destro e quello sinistro verso il centro, in modo che si tocchino.

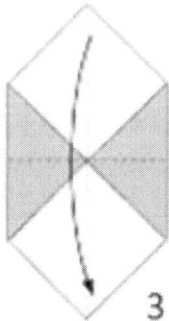

Passo 3:

piega l'intero foglio a metà lungo l'asse orizzontale.

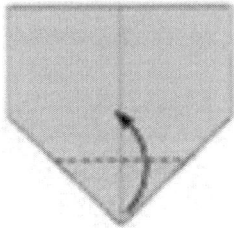

Passo 4:

piega verso l'alto entrambi gli strati di carta che formano l'angolo inferiore.

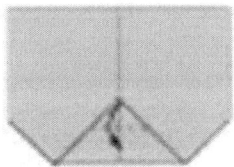

Passo 5:

piega a metà, verso il basso, un solo strato di carta dell'angolo. Dovrebbe quasi toccare il lato interiore del pezzo di carta.

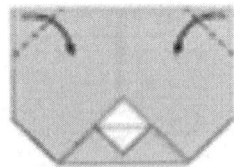

Passo 6:

per formare le orecchie, piega verso il centro una piccola porzione di entrambi gli angoli superiori del foglio.

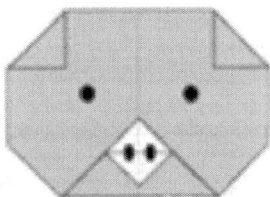

Passo 7:

ora hai maiale! Disegna occhi e narici per avere un risultato completo!

CAPITOLO 2: FIORI

I fiori origami sono belli e possono essere facili da costruire, con le giuste istruzioni!

Per alcuni passaggi difficili, però, potresti aver bisogno dell'aiuto di un adulto o di un genitore.

Ci sono molti fiori origami classici in questo capitolo, quindi divertiti a piegarli!

Forse ti starai chiedendo a cosa possano servirti: ebbene ... puoi regalarli, usarli come decorazioni e colorarli. Sono ottimi per adornare la casa durante le festività come Natale e Pasqua.

Pronto per imparare a realizzarli?

TULIPANO

I fiori sono perfetti per gli Origami: eleganti, semplici e molto divertenti da creare.

Il tulipano sembra difficile, ma non lo è: è uno degli origami più popolari!

Può essere completato abbastanza velocemente, e questo è un vantaggio quando vuoi crearne un mazzo intero.

I passaggi seguenti spiegano in modo chiaro come realizzare questo graziosissimo fiore.

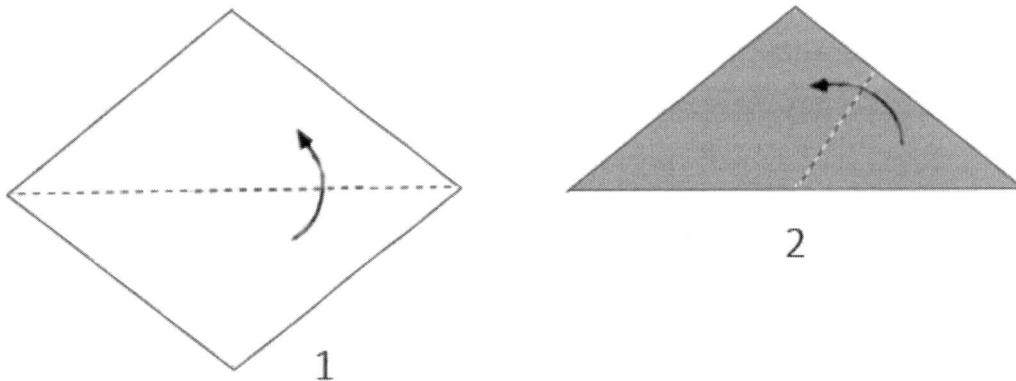

Passo 1:

inizia con un pezzo quadrato di carta, preferibilmente colorato su entrambi i lati per un effetto migliore. Disponilo diagonalmente e piegalo a metà lungo l'asse orizzontale: otterrai un triangolo.

Passo 2:

piega l'angolo di destra verso sinistra, seguendo la linea mostrata nell'immagine.

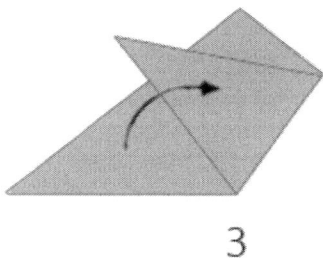

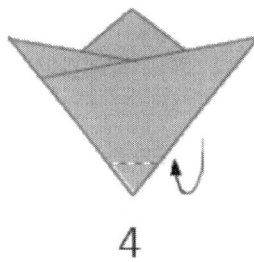

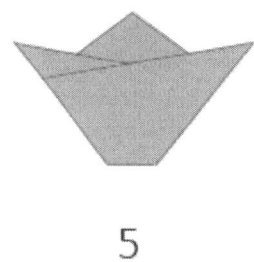

3   4   5

Passo 3:

prendi l'angolo in basso a sinistra e piegalo diagonalmente verso l'alto destra, usando come guida il lato inferiore del triangolo piegato al passaggio 2.

Passo 4-5:

piega l'angolo inferiore del foglio all'indietro (verso il tavolo).

Questi sono i petali del tulipano: lasciali da parte perché ora lavoreremo sul gambo!

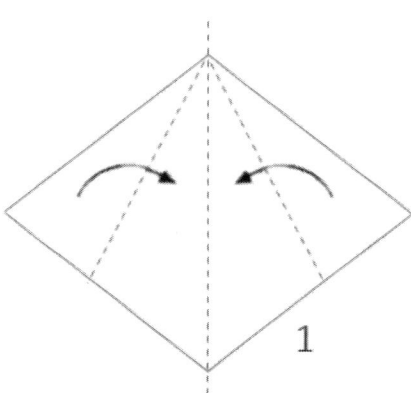

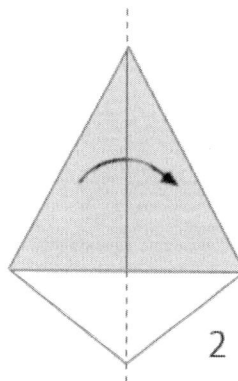

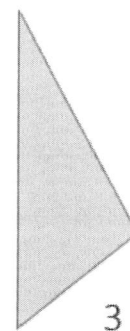

1   2   3

Passo 1:

prendi un nuovo foglio di carta origami quadrato, meglio se di colore verde.

Disponilo diagonalmente e poi piega gli angoli interni verso il centro, seguendo le linee mostrate nella figura. Dovresti ottenere la forma di un aquilone.

Passo 2:

Piega l'intero foglio a metà, lungo l'asse verticale: la parte sinistra deve sovrapporsi alla destra.

Passo 3:

Piega la parte inferiore verso l'alto, seguendo la linea segnata nell'illustrazione.

Hai completato lo stelo!

Ora infilalo sotto i petali che hai creato nei primi passaggi: hai ottenuto il tuo tulipano! Realizzane altri per formare un bel mazzo colorato!

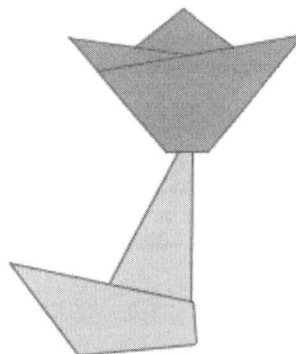

FIORE A 5 PETALI

Il fiore a 5 petali può essere abbastanza difficile da fare, ma se segui i passaggi mostrati sotto si rivelerà una passeggiata! Forse avrai bisogno dell'aiuto dei genitori, ma quando completerai l'opera avrai imparato a piegare uno dei fiori origami più scenografici! Pronto ad entrare in azione?

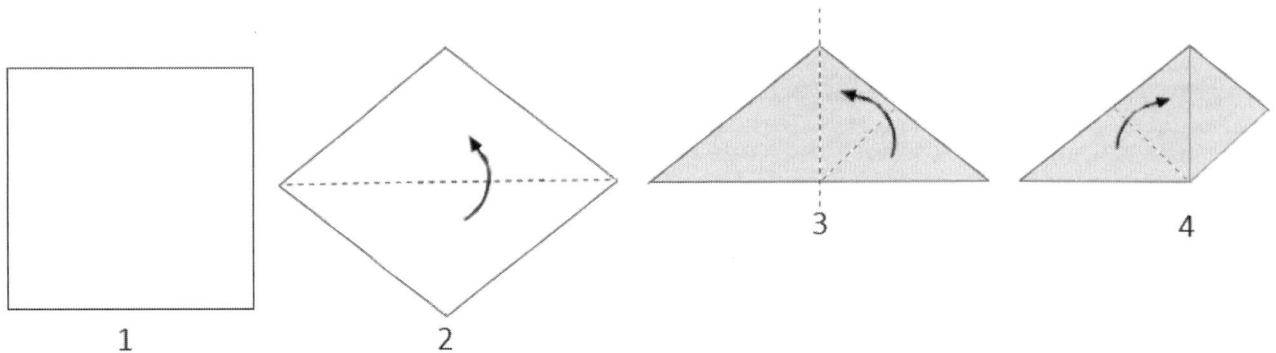

1   2   3   4

Passo 1:

per questo origami dovrai creare un petalo alla volta.

Inizia con un pezzo di carta quadrato, preferibilmente colorato su entrambi i lati.

Passo 2:

disponilo diagonalmente, come un rombo.

Poi, piegalo a metà lungo l'asse orizzontale: la parte inferiore si deve sovrapporre a quella superiore.

Passo 3:

prendi l'angolo destro e piegalo verso il centro seguendo la linea diagonale che vedi in figura: l'intera parte destra deve risultare piegata a metà.

Passo 4:

ripeti il passo 3 per la parte sinistra.

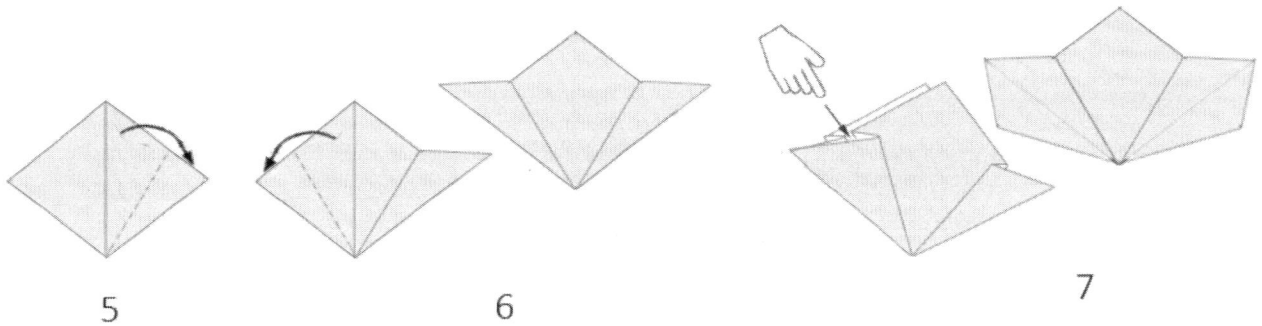

5   6   7

Passo 5-6:

prendi gli angoli superiori e piegali verso l'esterno, come fossero delle ali.

Passo 7:

ora devi infilare il dito tra i due strati di carta che formano le ali, come per aprirle.

Poi appiattiscile sul tavolo: le ali avranno una forma simile ad un aquilone.

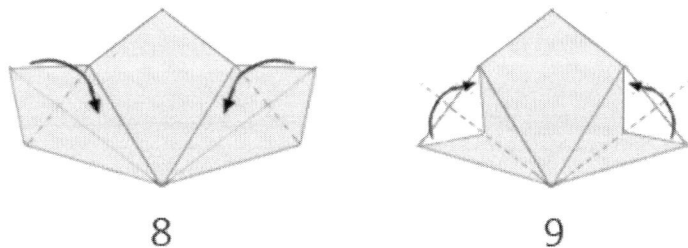

8   9

Passo 8:

piega le punte dei due aquiloni verso il centro.

Passo 9:

piega gli aquiloni a metà: la parte inferiore si deve sovrapporre a quella superiore, come mostrato nell'illustrazione.

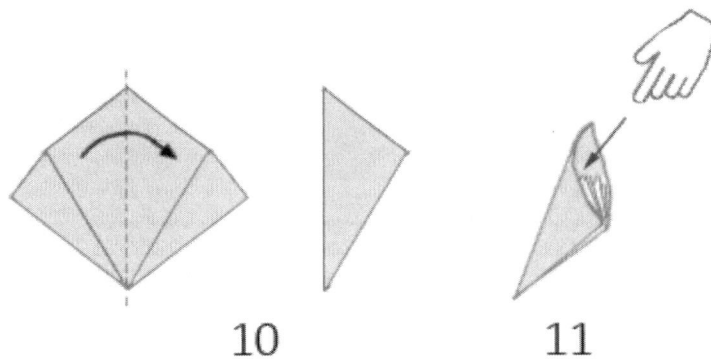

10   11

Passo 10:

piega l'intero pezzo di carta a metà, lungo l'asse verticale. In questo modo stai "chiudendo" il petalo.

Passo 11:

mantenendo il pezzo di carta "chiuso", infila un dito nella parte più larga, per rendere la superficie curva, come una specie di cono gelato. Complimenti: hai finito il tuo primo petalo!

Per creare il fiore completo, dovrai ripetere tutto il processo per altre 4 volte, usando altri fogli quadrati tutti uguali nelle dimensioni.

Se invece vuoi realizzare un fiore a 8 petali, dovrai ripetere tutti i passaggi per altre 7 volte.

Ora sai come piegare un fiore a 5 e a 8 petali: incredibile!

FIORE DI CILIEGIO

In Giappone, i fiori di ciliegio sono detti *sakura* e sono un simbolo speciale per le persone e la nazione. Rappresentano l'arrivo della primavera: un momento di rinnovamento che viene festeggiato con l'*Hanami*. Questa parola significa letteralmente "guardare i fiori" ed è una tradizione millenaria.

Questo origami è davvero affascinante. ma piuttosto impegnativo: ancora una volta potresti aver bisogno dell'aiuto di un adulto.

Sei pronto per iniziare a piegare il tuo fiore di ciliegio? Iniziamo!

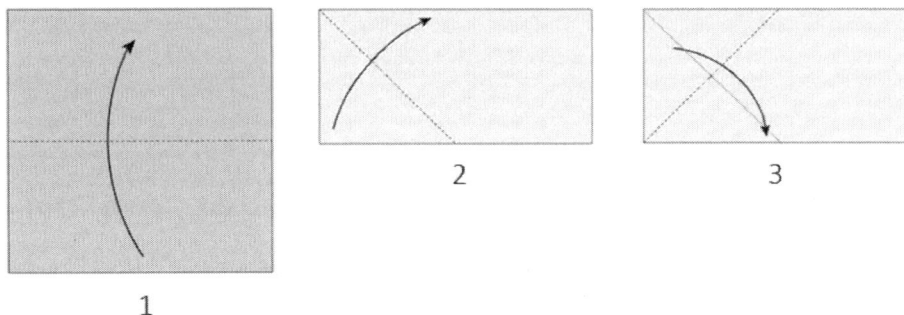

1

2

3

Passo 1:

prendi un pezzo di carta quadrato e piegalo a metà lungo l'asse orizzontale: la parte inferiore deve sovrapporsi a quella superiore.

Passo 2:

prendi l'angolo inferiore sinistro e piegalo verso il centro seguendo un'asse diagonale, in modo che la punta tocchi il bordo superiore. Questo passaggio serve solo per segnare la piega, quindi riapri il foglio, per tornare alla forma rettangolare.

Passo 3:

anche questo passaggio serve solo per creare una piegatura: questa volta devi piegare l'angolo in alto a sinistra verso il centro, facendo in modo che la punta arrivi all'angolo inferiore del pezzo di carta.

Ora riapri il foglio in posizione rettangolare: hai ottenuto due pieghe che formano una crocetta.

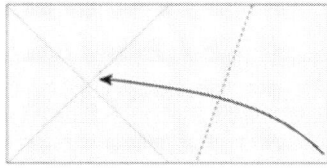
4

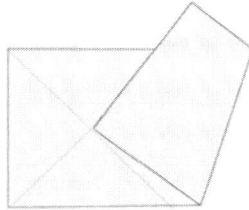
5

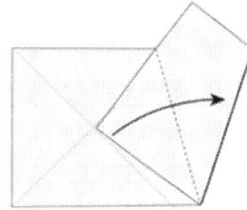
6

Passo 4-5:

prendi l'angolo in basso a destra e piegalo facendolo coincidere con il centro della crocetta.

Passo 6:

prendi l'angolo al centro della crocetta e piegalo verso l'esterno, seguendo l'asse segnata nella figura: il lato dovrà combaciare con il bordo segnato in nero.

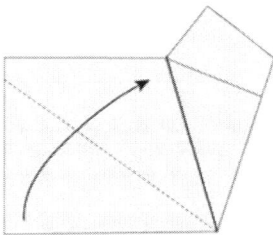
7

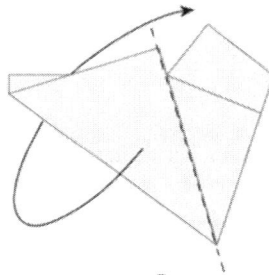
8

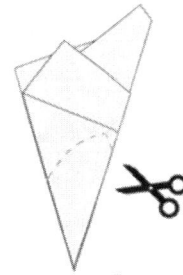
9

Passo 7:

piega l'angolo in basso a sinistra verso il centro: il lato della parte che stai piegando deve aderire perfettamente al bordo nero.

Passo 8:

piega l'intero pezzo all'indietro (verso il tavolo) seguendo l'asse tratteggiata.

Passo 8-9:

con le forbici, taglia la parte superiore seguendo la linea curva tratteggiata in figura.

Terrai solo la parte inferiore mostrata nella figura 10.

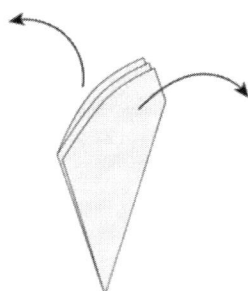

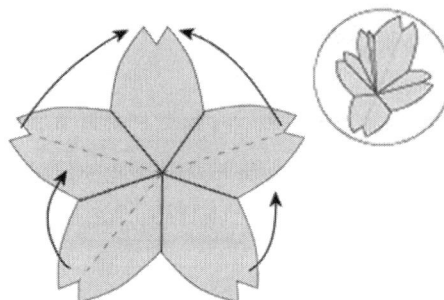

10   11

Passo 10:

riapri completamente il foglio di carta: dovrebbe effettivamente avere la forma di un fiore, con la parte colorata rivolta verso di te. Ora però dobbiamo farlo diventare tridimensionale.

Passo 11:

adesso devi ripiegare il fiore seguendo le frecce. Attenzione:

- le linee tratteggiate devono essere delle pieghe a V rivolte verso il tavolo (come delle valli);

- le linee nere devono essere delle pieghe a V rivolte verso di te (come delle montagne).

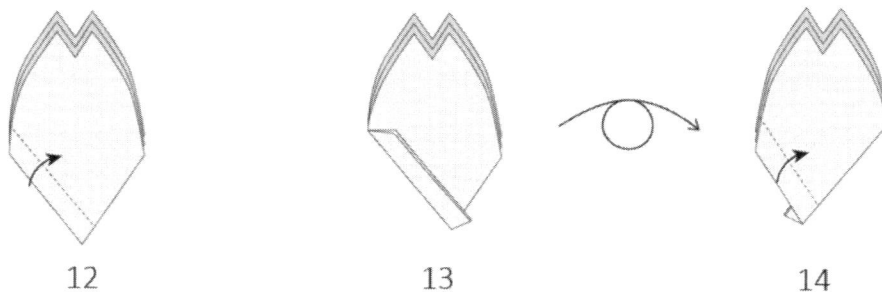

12   13   14

Passi 12-13:

piega il bordo sinistro verso il centro, seguendo la linea tratteggiata.

Passo 14:

capovolgi il pezzo di carta (in modo da vederne il retro) e piega di nuovo il bordo sinistro verso il centro.

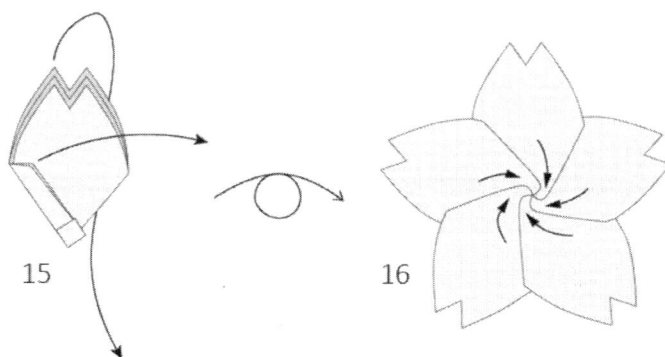

15   16

Passo 15:

tieni saldamente tra le dita il piccolo quadratino che vedi in basso. Poi, con l'altra mano comincia a dispiegare i petali: devi prendere la punta in alto e tirarla verso destra. Il fiore si aprirà pian piano.

Passo 16:

capovolgi il foglio in maniera da vederne il retro e gita in senso orario il centro del fiore, come si vede in figura.

Passi 17-18:

appiattisci un po' la carta, poi capovolgila di nuovo sull'altro lato: hai ottenuto il tuo elegante sakura!

Se vuoi migliorare il tuo fiore di ciliegio, colora ogni petalo di un colore diverso per avere un effetto più vivace! Oppure costruisci tanti fiori, ciascuno di una tonalità diversa, e raggruppali per creare un mazzetto! Potresti anche provare a crearne di diverse dimensioni: piccolissimi o molto grandi. Lavora con la fantasia per realizzare bellissime decorazioni origami per la casa! Divertiti!

ROSA

Le rose sono molto appariscenti, vengono spesso usate per simboleggiare per il romanticismo e l'amore. Sono tra i progetti origami più popolari, anche se sono spesso troppo difficili da realizzare per i bambini. Potresti avere quindi bisogno dell'aiuto di un adulto.

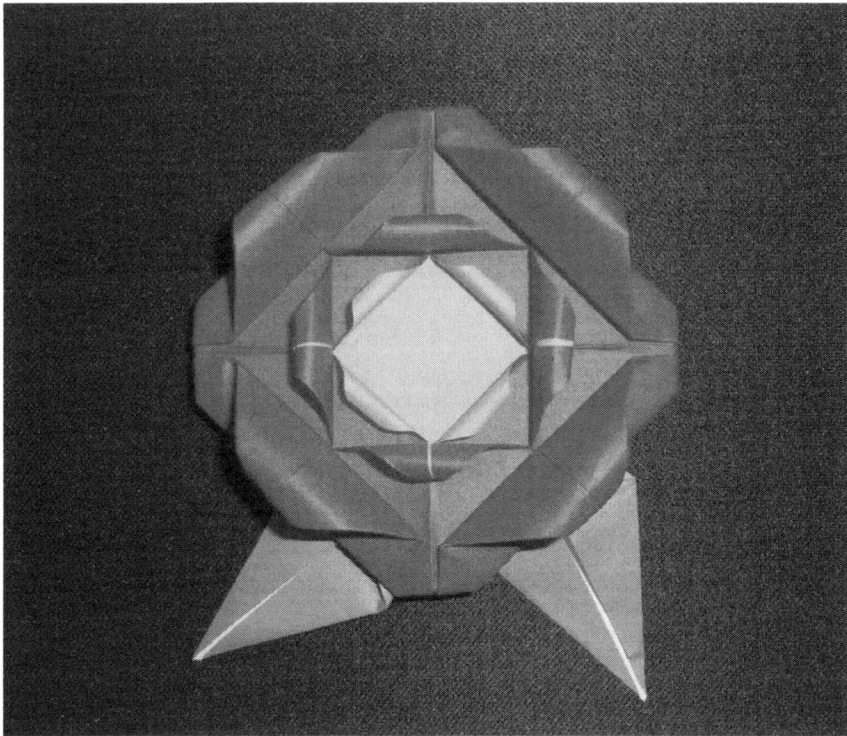

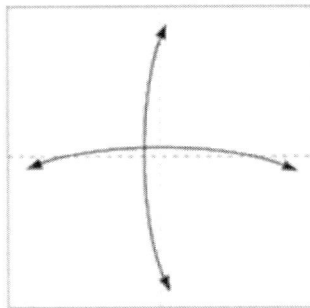 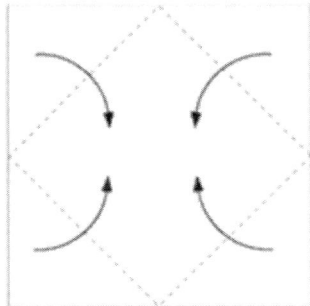 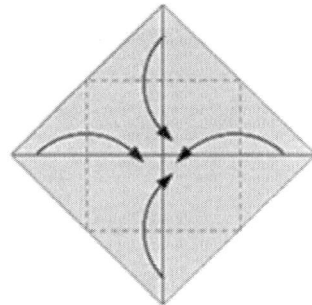

1   2   3

Passo 1:

utilizza un pezzo di carta quadrato, possibilmente colorato su entrambi i lati.

Piega la carta a metà orizzontalmente e poi verticalmente, poi riaprila.

Passo 2:

ora piega ogni angolo verso il centro, in modo che si tocchino tutti: dovresti ottenere un rombo dagli angoli tutti uguali.

Passo 3:

ripeti nuovamente l'operazione precedente: piega ogni angolo esterno verso il centro in modo che si tocchino. Otterrai un quadrato.

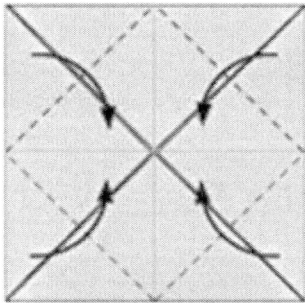

4

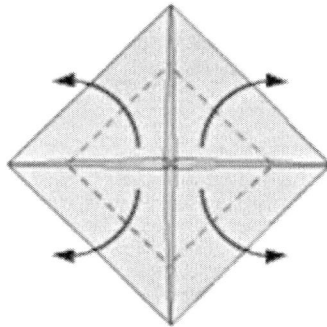

5

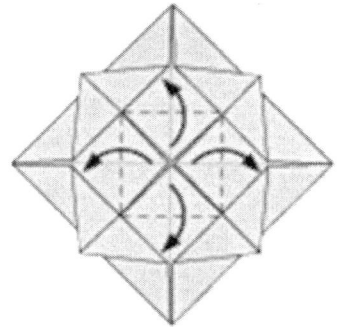

6

Passo 4:

indovina? Devi rifare ancora la stessa cosa! Piega ancora tutti gli angoli esterni verso il centro. Non preoccuparti: il prossimo passaggio sarà diverso!

Passo 5:

questa volta devi piegare tutti gli angoli che si trovano al centro verso l'esterno, seguendo le linee mostrate nel disegno.

Passo 6:

ora puoi notare che al centro ci sono altri quattro angoli: prendi ognuno e piegalo verso l'esterno, come si vede nell'illustrazione.

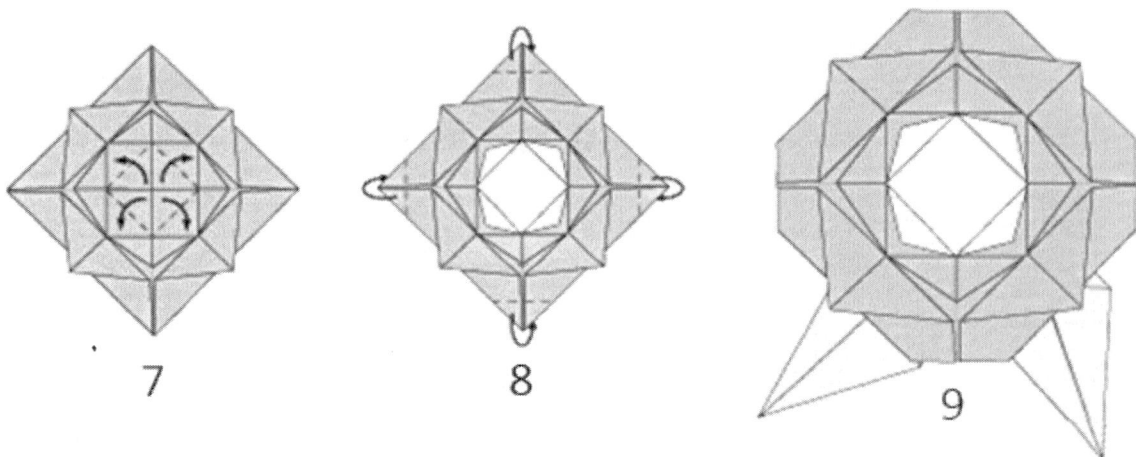

Passo 7:

al centro ci sono ancora degli angoli: tranquillo, sono gli ultimi! Piega anche quelli verso l'esterno!

Passo 8:

questa volta devi lavorare sui quattro angoli più esterni: piegali all'indietro, verso il tavolo.

Passo 9:

Ottimo, hai ottenuto la tua rosa! Per renderla ancora più bella può disegnare alcune foglie e incollarle sotto la tua creazione!

Crea altri fiori per realizzare un mazzo intero!

Ci sono molti tipi di rose: quella che hai appena concluso è la più semplice, mentre nella pagina successiva troverai la Rosa Kawasaki, decisamente più complicata.

CAPITOLO 3: AEREI

Gli aeroplani di carta sono davvero un'attività divertente: alcuni sono complicati da costruire, ma la maggior parte sono semplici!

Nelle prossime pagine troverai diversi modelli da provare. Per realizzarli è meglio usare la carta per stampante invece della carta origami.

Non dimenticare di dare un'occhiata al gioco aereo sul retro del libro: potrai usare uno degli aeroplani di questo capitolo.

Divertiti a volare!

AEREO SEMPLICE

Anche se oggi ci sono a disposizione molti giocattoli e videogiochi, l'aeroplano di carta è sempre divertente da realizzare! Molti modelli sono complicati e lunghi da piegare, ma quello spiegato qui è semplicissimo e velocissimo da costruire: impiegherai meno di un minuto! Anche se è facile, la soddisfazione nell'usarlo è sempre tanta!

Pronto per iniziare la tua carriera di pilota? Andiamo, capitano!

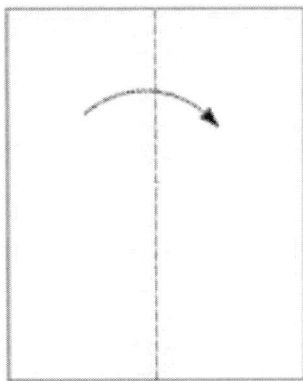

Passo 1:

utilizza un foglio di carta rettangolare. Piegalo a metà verticalmente, poi riaprilo.

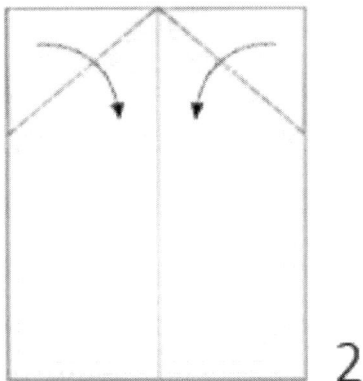

Passo 2:

piega gli angoli in alto a sinistra e a destra verso il centro: i lati dovranno toccarsi proprio sopra la piega centrale che hai creato prima. Queste saranno le ali dell'aeroplano.

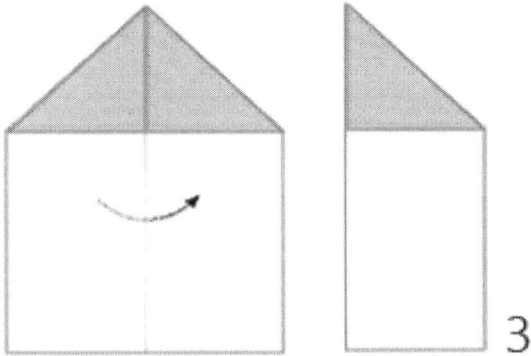

Passo 3:

piega l'intero foglio di carta a metà, lungo l'asse verticale.

Prendi in mano l'aereo e solleva verso l'alto le ali.

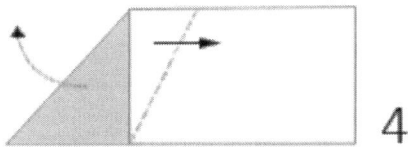

Passo 4:

infine, apri un po' anche la piegatura del corpo dell'aereo: hai concluso! Facile, no?

CACCIA

Il Caccia è probabilmente l'aereo più comunemente ripiegato, e c'è una buona ragione: vola molto bene ed è facile da creare. Ha un aspetto più aggressivo del modello precedente, ma è altrettanto facile da fare e vola pure meglio!

Pronto per il tuo Caccia?

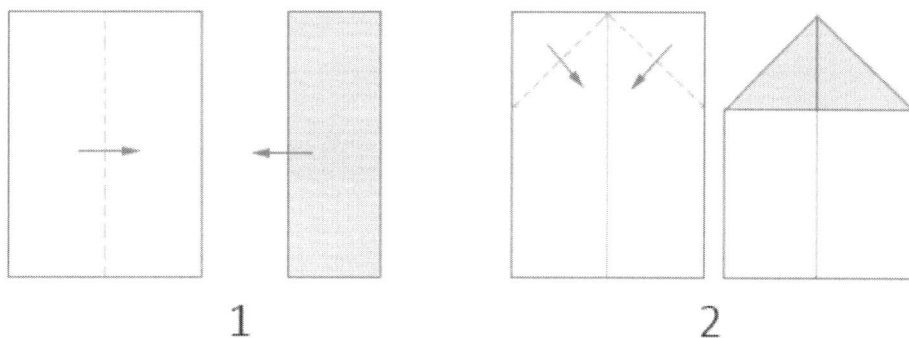

1

2

Passo 1:

usa un foglio rettangolare, e disponilo verticalmente. Piegalo a metà lungo l'asse verticale, poi riaprilo: questo creerà una piega.

Passo 2:

piega i due gli angoli in alto verso il centro, in modo che tocchino la piega centrale che hai fatto prima.

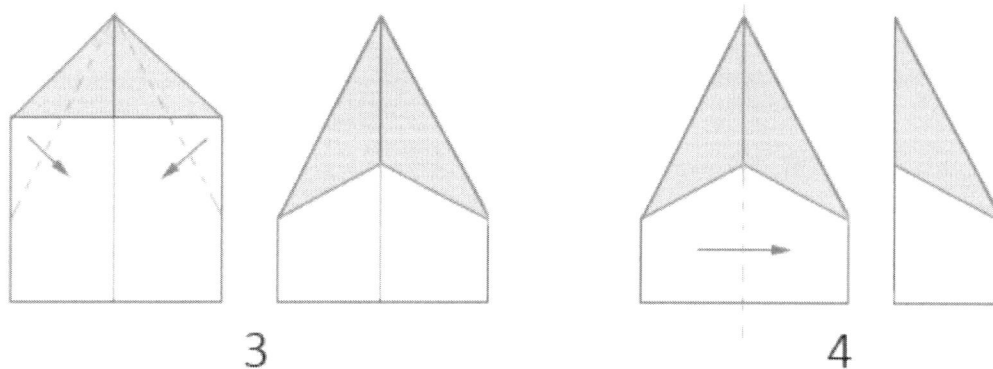

3

4

Passo 3:

piega gli angoli esterni di nuovo verso il centro, sempre facendoli incontrare sulla piega centrale, come si vede nella figura.

Passo 4:

piega l'intero foglio a metà lungo l'asse centrale. La piegatura deve essere fatta all'indietro, verso il tavolo.

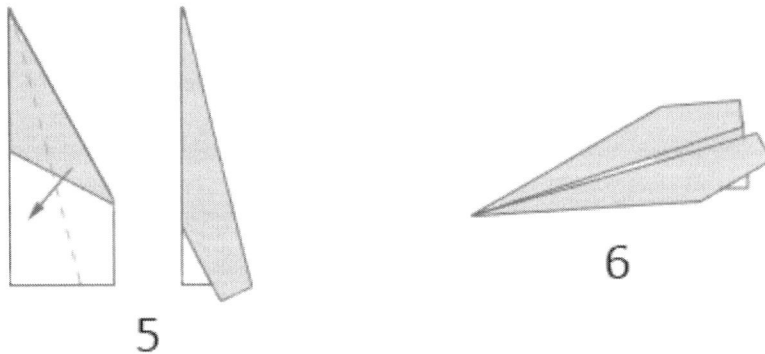

5

6

Passo 5:

Piega l'angolo centrale segnato in figura verso il centro, seguendo la linea mostrata. Fai la stessa cosa anche per l'altro lato: stiamo creando le ali dell'aeroplano.

Passo 6:

Prendi in mano il tuo foglio origami e, su ogni lato solleva le ali dal corpo dell'aereo. Ora sei pronto a far volare il tuo Caccia!

AEREO AD ALTE PRESTAZIONI

L'aereo di carta ad alte prestazioni è per colore che vogliono ottenere i risultati migliori: non solo può volare molto bene, ma è proprio impressionante!

Sei pronto ad avere l'aereo di carta più performante?

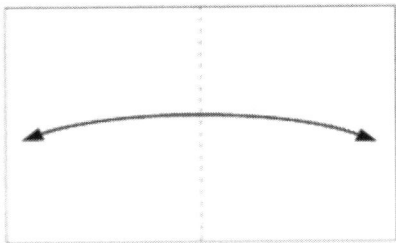   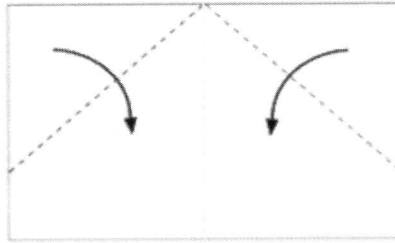   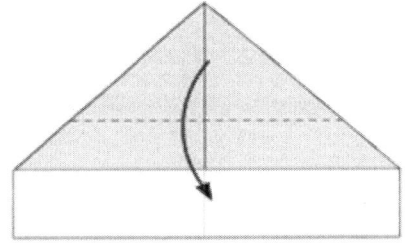

1   2   3

Passo 1:

usa un foglio rettangolare e disponilo orizzontalmente.

Piegalo a metà lungo l'asse verticale, poi riaprilo: hai ottenuto una piega.

Passo 2:

piega gli angoli in alto a sinistra e in alto a destra verso la linea di piega centrale.

Passo 3:

ora piega la punta verso il basso: deve toccare il bordo inferiore del foglio.

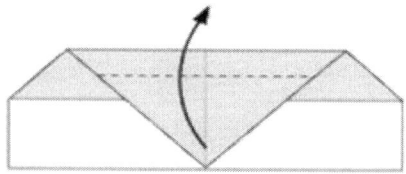 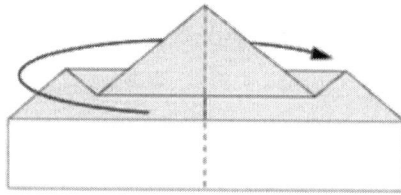 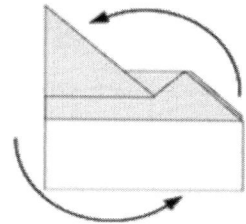

4 5 6

Passo 4:

piega di nuovo la punta, questa volta verso l'alto. La piegatura deve seguire la linea segnata nella figura.

Passi 5-6:

piega l'intero foglio a metà lungo la linea di piega centrale. La piegatura va fatta verso il tavolo, in modo da ottenere la situazione mostrata nella figura 6.

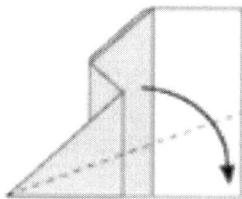  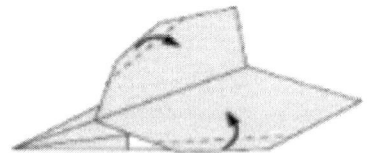

7 8 9

Passi 7-8:

ruota il foglio di carta in modo che la punta si trovi a destra.

Poi piega la parte superiore di uno degli strati verso il basso, seguendo la linea tratteggiata mostrata nell'illustrazione. Hai formato un'ala! Creala anche dall'altra parte.

Passo 9:

su ogni ala, crea una piccola piega nel punto indicato dalla figura.

Passo 10:

hai finito! Non è fantastico? Vola benissimo: provalo!!

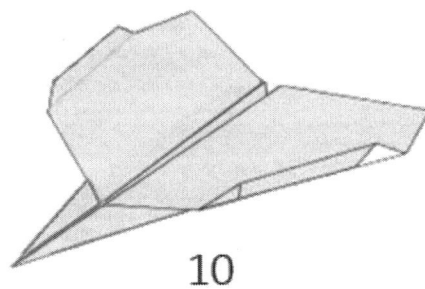

10

AEREO CANARD

È giunto il momento di costruire un aereo "canard". Questo termine indicava i fogli delle notizie che circolavano nell'Ottocento mentre in francese significa...anatra! Per associazione quindi, si trattava di notizie false.

In aerodinamica, invece, i canard sono delle alette che servono a stabilizzare l'aereo.

Dopo queste pillole di cultura, sei pronto a piegare?

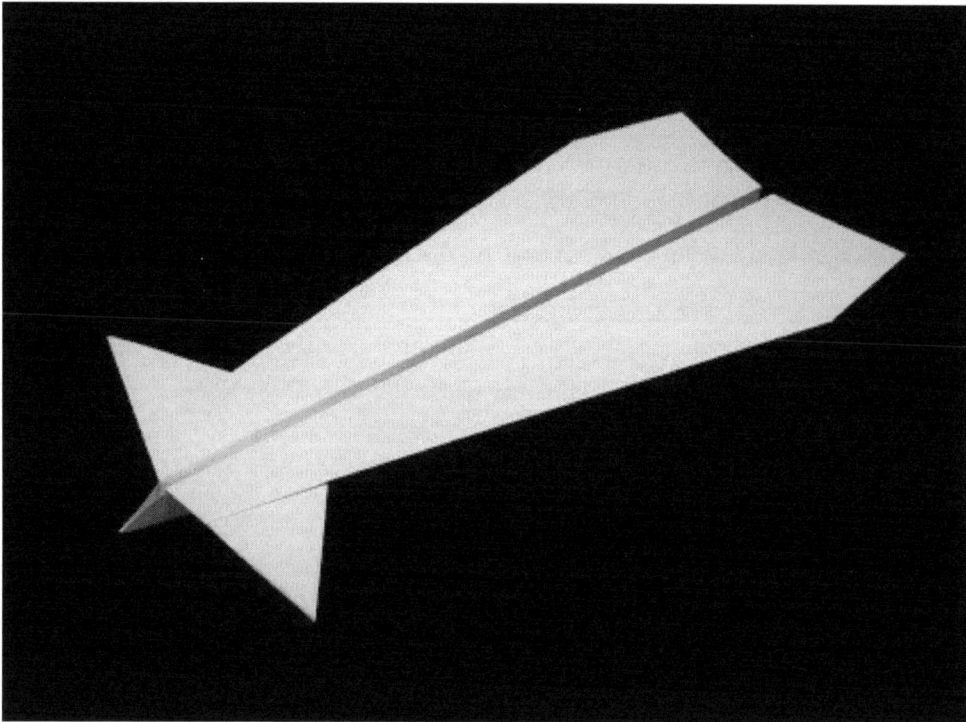

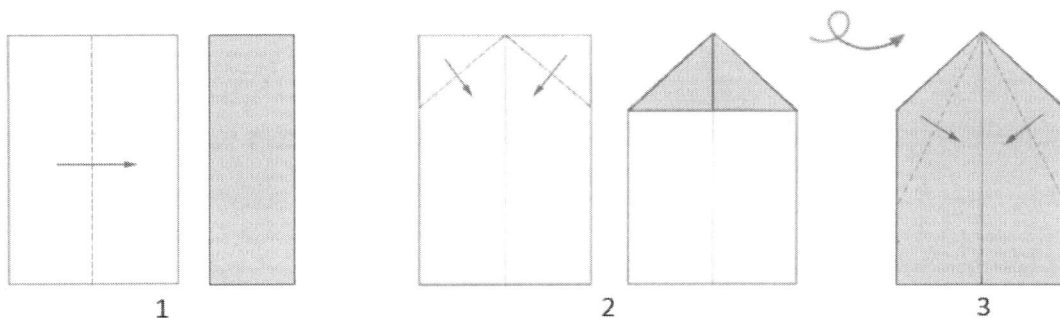

Passo 1:

prendi un foglio di carta rettangolare e piegalo a metà verticalmente. Poi riaprilo: questo passaggio serve solo per creare una piegatura.

Passo 2:

piega gli angoli superiori destro e sinistro verso il centro, in modo che si tocchino.

Passo 3:

capovolgi il foglio, in modo da vederne il retro.

Piega gli angoli superiori destro e sinistro di nuovo verso il centro, in modo che si tocchino. Segui le diagonali tratteggiate.

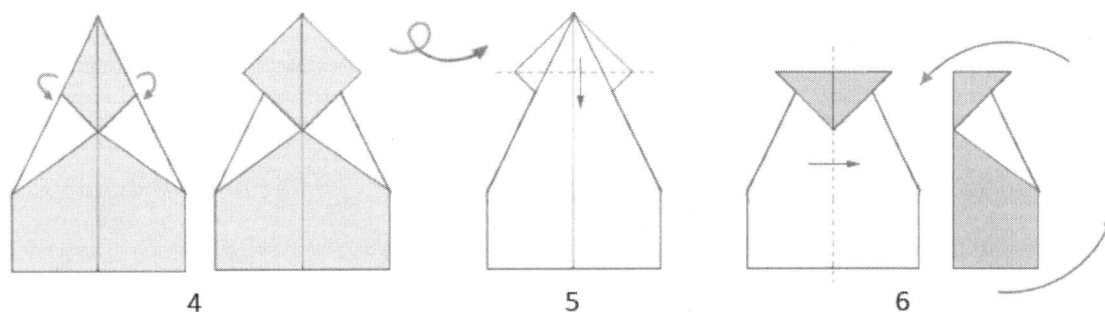

Passo 4:

prendi gli angoli destro e sinistro "nascosti" sul retro del foglio e aprili.

Passo 5:

capovolgi di nuovo il foglio per vederne il retro.

Piega la punta verso il basso, seguendo la linea tratteggiata mostrata in figura.

Passo 6:

piega il foglio a metà verticalmente: la parte sinistra deve sovrapporsi alla destra.

Poi ruota il foglio di 90° verso sinistra, in modo che abbia una posizione orizzontale.

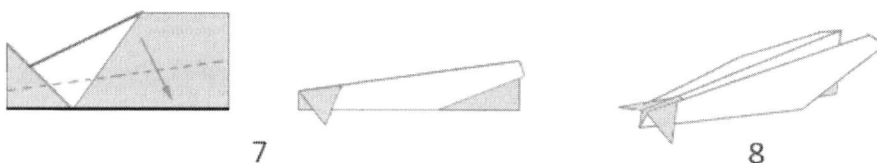

7

8

Passo 7:

ora devi creare le ali. Piega uno degli strati di carta verso il basso, seguendo la linea tratteggiata. Il bordo segnato in rosso deve coincidere con il bordo segnato in nero. Ripeti lo stesso passaggio per l'altro lato, in modo da creare la seconda ala.

Passo 8:

hai ottenuto il tuo bellissimo aereo canard! Complimenti!

AEREO LITTLE NICKY

L'aereo Little Nicky è abbastanza facile da fare, se segui con attenzione le istruzioni! Ovviamente vola molto bene ed ha una forma originale: quindi se vuoi un aeroplano diverso dagli altri, questo è quello che fa per te! Forza, cominciamo!

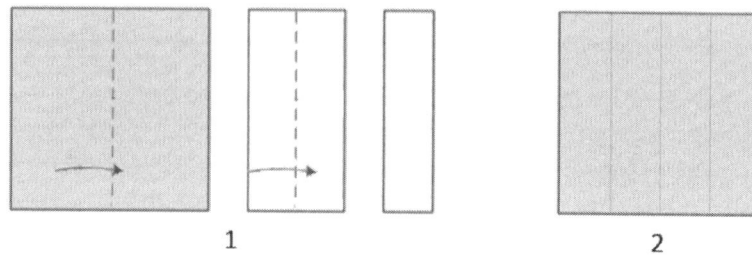

1

2

Passo 1:

usa un foglio di carta quadrato. Piegalo a metà lungo l'asse verticale per due volte.

Passo 2:

riapri il foglio: hai ottenuto delle pieghe che ti saranno utili per il prossimo

passaggio.

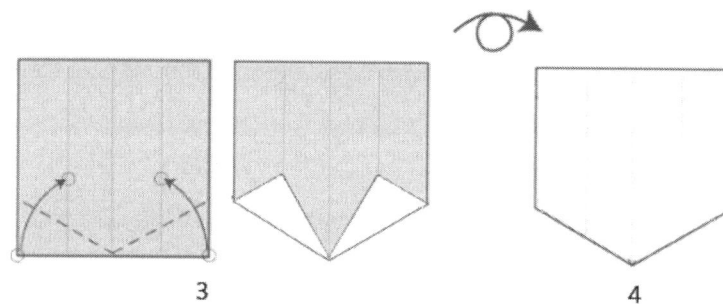

3

4

Passo 3:

piega gli angoli inferiori destro e sinistro verso l'alto: devono toccare le pieghe nei

punti segnati in figura.

Passo 4:

capovolgi l'origami sull'altro lato, in modo da vederne il retro.

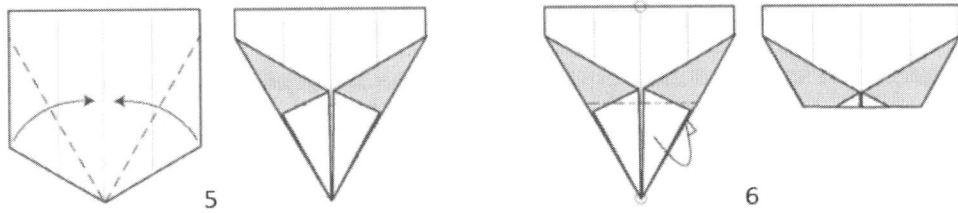

Passo 5:

piega gli angoli inferiori destro e sinistro verso il centro, in maniera che i bordi esterni del foglio si tocchino.

Passo 6:

piega la punta all'indietro (verso il tavolo), in modo che tocchi il bordo superiore del pezzo di carta (segnato dal cerchietto).

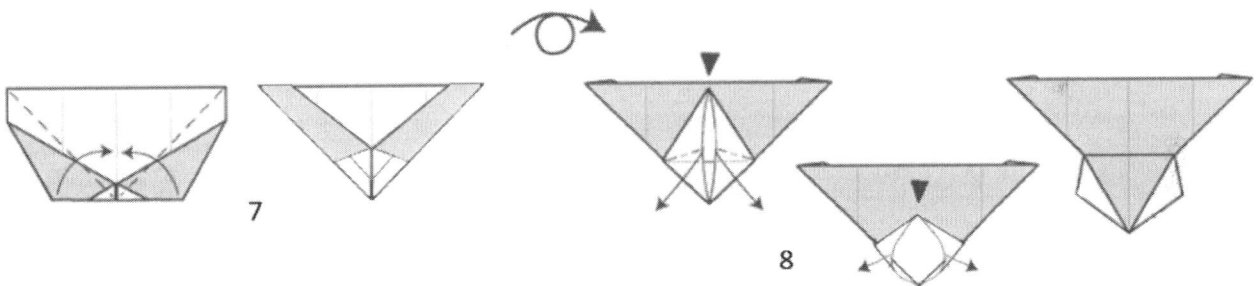

Passo 7:

piega gli angoli inferiori destro e sinistro verso il centro, in modo che i bordi esterni del foglio si tocchino.

Passo 8:

capovolgi il tuo origami in modo da vederne il retro.

Con le dita prendi i punti segnati dalle frecce e tirali verso l'esterno. La punta si muoverà naturalmente verso il basso.

Poi appiattisci la carta come mostrato in figura.

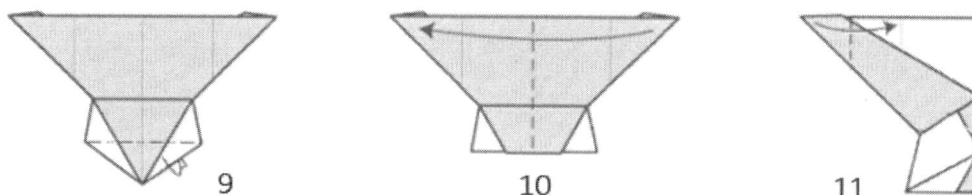

Passo 9:

piega l'angolo inferiore a metà all'indietro (verso il tavolo), seguendo la linea tratteggiata.

Passo 10:

piega l'intero foglio a metà lungo l'asse verticale: la parte di destra si deve sovrapporre alla sinistra.

Passo 11:

prendi l'angolo in alto a sinistra e piegalo verso destra, in modo che la punta tocchi una delle pieghe fatte al passaggio 1.

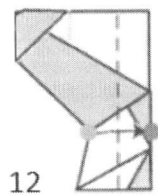 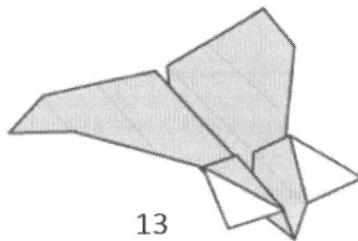

Passo 12:

piega la porzione sinistra della carta verso destra, in modo che il punto segnato dal pallino chiaro si sovrapponga al punto segnato con il pallino scuro.

Passo 13:

ora riapri un po' alcune pieghe per dare forma...al tuo fantastico aeroplano!

ALIANTE CIRCOLARE

L'aliante circolare è davvero unico e a prima vista sembra che non voli... invece può!

Se vuoi impressionare amici o parenti, o semplicemente provare qualcosa di particolare, allora è il modello che fa per te! Mettiti in mostra con le tue creazioni!

Se hai difficoltà, chiedi l'aiuto di un adulto!

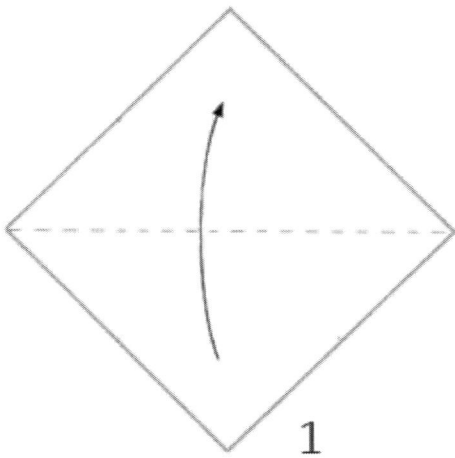

Passo 1:

Inizia con un pezzo quadrato di carta origami e disponilo in diagonale.

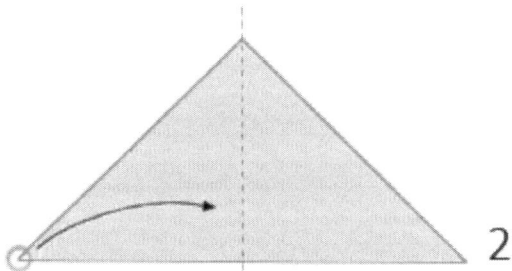

Passo 2:

piega a metà orizzontalmente: la parte inferiore deve sovrapporsi a quella superiore. Hai ottenuto un triangolo.

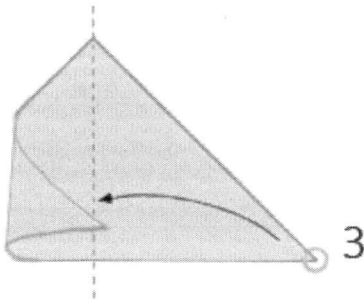

Passo 3:

prendi l'angolo inferiore sinistro e curvalo verso il centro.

Poi prendi l'angolo inferiore destro e fai lo stesso.

I due angoli si devono toccare e sovrapporre un po': basta 1 cm.

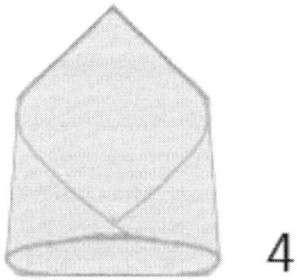

Passo 4:

attacca tra loro i due angolo, con la colla o il nastro adesivo.

Modella meglio il tuo foglio in modo che sia curvo, come una specie di cilindro.

Come pilotarlo:

tieni il bordo appuntito tra il pollice e l'indice, tieni la vela in aria e guardala scivolare sul pavimento! Divertiti!

CAPITOLO 4: I MIGLIORI ORIGAMI

In questo capitolo imparerai a piegare una varietà di divertenti origami! Questi progetti sono molto divertenti, quindi assicurati di provarli tutti!

Alcuni di questi sono semplici, altri richiedono molti passaggi quindi potresti dover chiede aiuto ad un adulto. I risultati però, ti piaceranno sempre!

L'ACCHIAPAMOSCHE

L'acchiappamosche è anche conosciuto come "indovino". Questo tipo di origami era molto popolare nelle scuole durante gli anni '90 e all'inizio degli anni 2000.

È facile da realizzare: basta seguire le istruzioni passo-passo per scoprire come crearne uno.

ù

1

2

Passo 1:

utilizza un pezzo di carta quadrato.

Piegalo diagonalmente due volte per formare una piega ad "X".

Ora riapri il tuo foglio.

Passo 2:

piega tutti gli angoli verso il centro, in modo che si tocchino proprio in mezzo alla X.

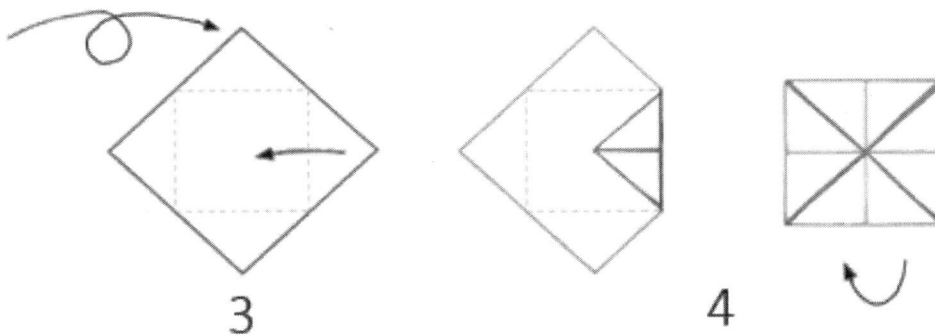

3

4

Passo 3:

capovolgi il foglio, in modo che il retro sia rivolto verso di te.

Passo 4:

piega tutti gli angoli verso il centro, in modo che le punte si tocchino tra loro.

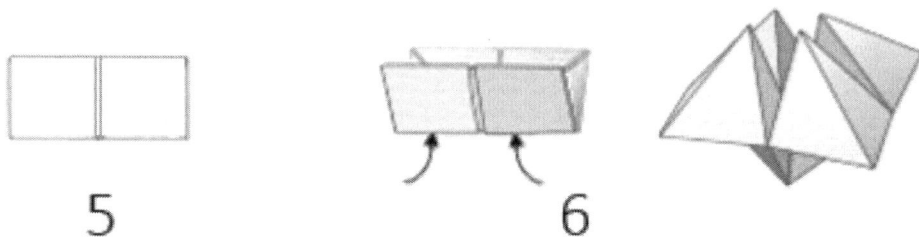

5

6

Passo 5:

piega il foglio a metà orizzontalmente.

Passo 6:

prendi in mano il pezzo di carta infila le dita nelle quattro "tasche" che vedi.

Ora spingi gli angoli esterni verso l'interno, in modo che l'origami assuma tridimensionalità. Dopo averlo modellato un po', il tuo acchiappamosche sarà pronto!

Dovresti sapere come giocarci, ma in caso contrario consulta le nostre istruzioni del capitolo "Giochi divertenti" a fine libro.

BABBO NATALE

Gli origami di Babbo Natale sono un ottimo progetto per il periodo natalizio.

Avrai bisogno di un adulto per aiutarti con questo, ma vedrai che con le istruzioni dettagliate di seguito sarai in grado di realizzarlo?

Cominciamo? Meglio pieghi, più regali ti manda!

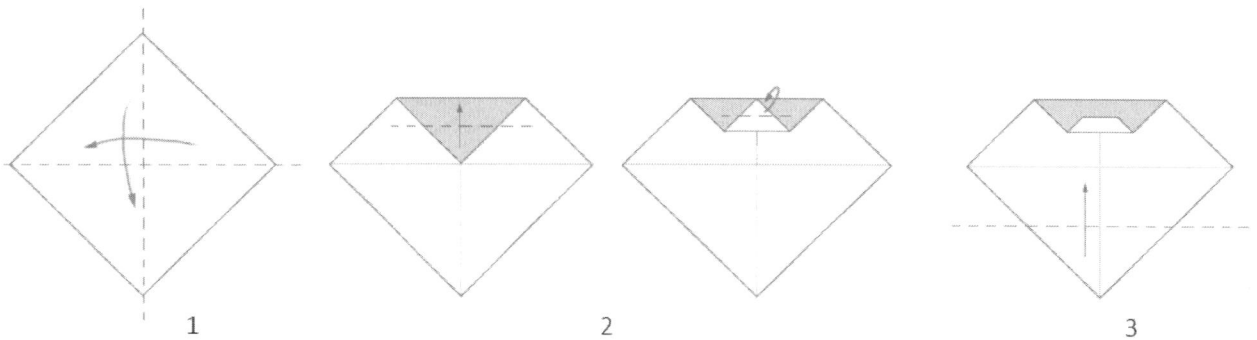

1   2   3

Passo 1:

utilizza un foglio quadrato di carta Origami, preferibilmente di colore rosso su un lato e bianco sull'altro.

Inizia con il colore bianco rivolto verso l'alto e disponi il foglio diagonalmente.

Piega la carta a metà sia orizzontalmente che verticalmente, poi riaprila: questo passaggio serve solo per creare due pieghe a "x".

Passi 2-3:

piega l'angolo superiore in modo che tocchi il centro della X.

Prendi sempre lo stesso angolo, che ora si trova al centro, e piegalo verso l'alto, fino a fargli toccare il bordo superiore del foglio.

Prendi ancora l'angolo e piegalo all'indietro (verso il tavolo), in modo che sia nascosto alla vista.

Passo 3:

prendi l'angolo inferiore e piegalo verso l'alto, in modo che la punta il centro del foglio.

78

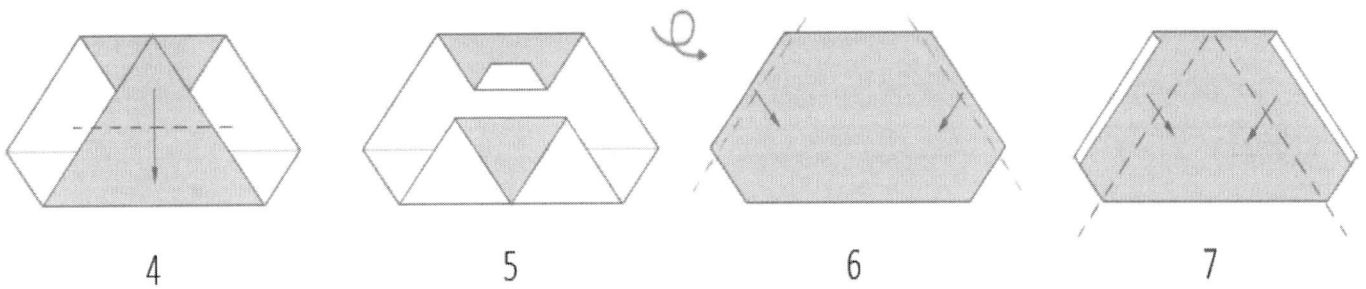

4   5   6   7

Passi 4-5:

piega l'angolo superiore verso il basso, in modo che tocchi il bordo inferiore del foglio.

Passo 6:

capovolgi il pezzo di carta, in modo da vederne il retro colorato.

Piega verso il centro una piccola parte dei bordi lunghi a sinistra e a destra: devi creare delle piccole "ali".

Passo 7:

prendi nuovamente ii bordi esterni a destra e sinistra e piegali nuovamente verso il centro seguendo le linee tratteggiate in figura.

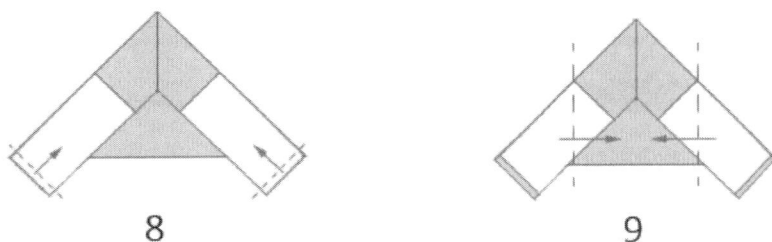

8   9

Passo 8:

piega i due bordi inferiori verso l'alto, seguendo le diagonali segnate in figura.

Passo 9:

piega entrambe le estremità destra e sinistra del foglio verso il centro.

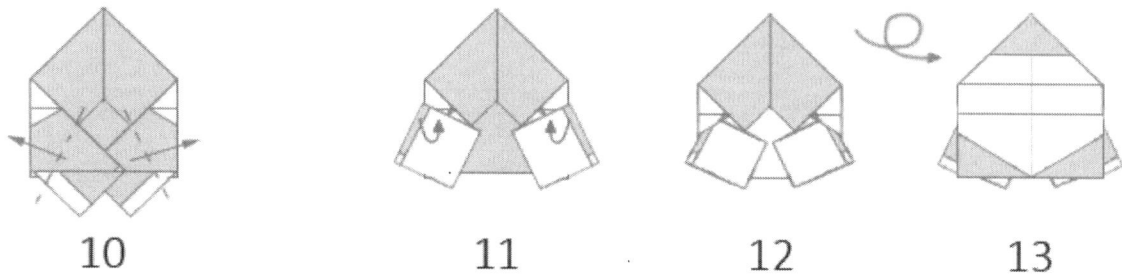

10   11   12   13

Passo 10:

prendi le stesse estremità e questa volta piegale verso l'esterno.

Passi 11-12:

infila gli angoli sotto la piega indicata.

Passo 13:

Ora capovolgi il tuo foglio, in modo da vederne il retro.

Hai completato l'opera!

Visto che bel Babbo Natale?

Aggiungi i dettagli come occhi e bocca, poi coloralo. Ora puoi usarlo come addobbo per il tuo albero, o come decorazione su un biglietto o una finestra, o ancora come abbellimento per un regalo!

FOGLIE FACILI

Queste foglie sono fantastiche decorazioni tutto l'anno: dopo averle completate puoi anche dipingerle, per creare un effetto colorato. Un'ottima attività per la famiglia o per la scuola! Sono abbastanza facili da costruire e molto suggestive.

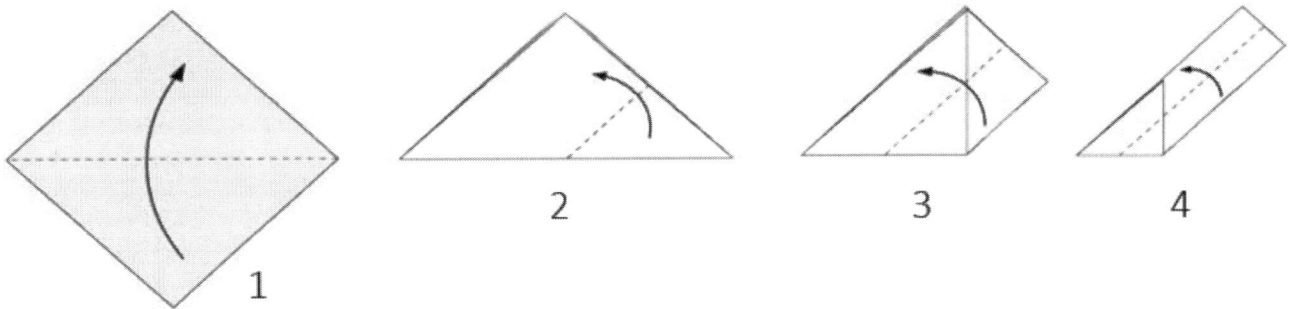

Passo 1:

usa un foglio di carta quadrato, con il lato colorato rivolto verso l'alto.

Disponi il foglio diagonalmente e piegalo a metà orizzontalmente: la parte inferiore si deve sovrapporre a quella superiore.

Passo 2:

prendi l'angolo in basso a destra e piegalo verso il centro: deve toccare l'angolo superiore.

Passo 3:

piega tutto il foglio a metà, seguendo la linea tratteggiata riportata in figura.

Passo 4:

piega di nuovo il foglio a metà, seguendo la diagonale tratteggiata segnata nel disegno.

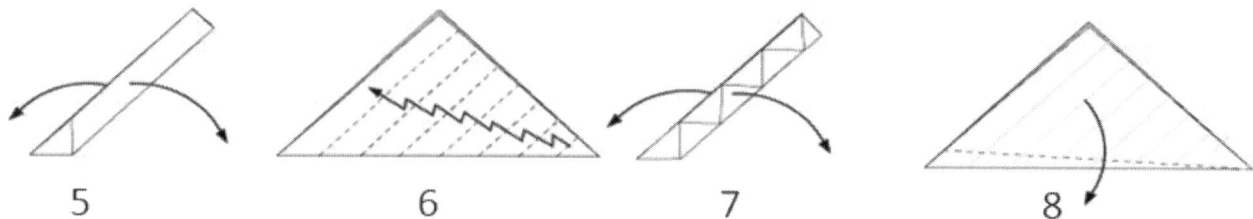

Passo 5:

riapri il foglio fino ad ottenere la posizione del passaggio 2 (un triangolo). Noterai che ora il tuo pezzo di carta è pieno di pieghe diagonali.

Passi 6-7:

piega il foglio a fisarmonica lungo le pieghe diagonali, poi riaprilo.

Passo 8:

prendi l'angolo superiore di uno dei due strati di carta e piegalo verso il basso, seguendo la linea tratteggiata mostrata nel disegno.

Poi, capovolgi il tuo origami sul retro e ripeti l'operazione: otterrai sue "grandi ali".

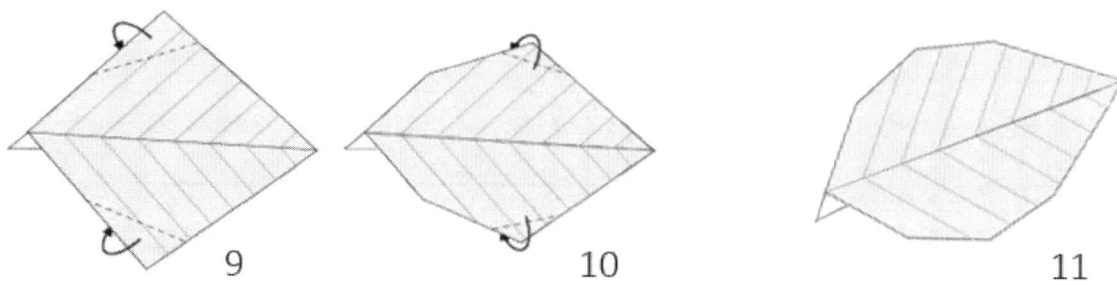

Passo 9:

su ognuna delle grandi ali, piega gli angoli all'indietro (verso il tavolo), seguendo le linee tratteggiate segnate nel disegno.

Passi 10-11:

migliora ulteriormente la forma della foglia piegando nuovamente gli angoli mostrati in figura.

Fatto! Ora puoi dipingere la tua creazione e usarla come decorazione: attaccata su una finestra, appesa sulla porta della tua camera da letto, incollata su un biglietto di compleanno... hai tante possibilità!

SCATOLA A STELLA

Questa bellissima scatola è utile per riporre oggetti, come gioielli o denaro ... e snack! Perfetta anche per festività come Natale o Pasqua!

Sei pronto a piegare questa graziosa scatolina? Segui le istruzioni dettagliate di seguito...

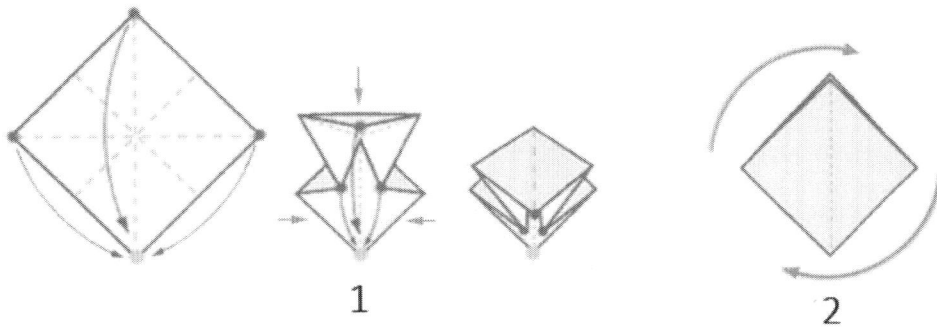

Passo 1:

usa un foglio di carta quadrato e disponilo diagonalmente, con la parte bianca rivolta verso di te.

Ora prendi gli angoli esterni e quello superiore (segnati con il pallino chiaro) e piega la carta in modo che tutti si incontrino sull'angolo inferiore (segnato dal pallino chiaro). Le piegature devono seguire le linee tratteggiate mostrate in figura. Poi appiattisci il tuo foglio, dovresti ottenere un rombo, con la parte colorata rivolta verso di te.

Passo 2: adesso ruota il modello di 180° in modo che l'estremità aperta sia rivolta verso l'alto.

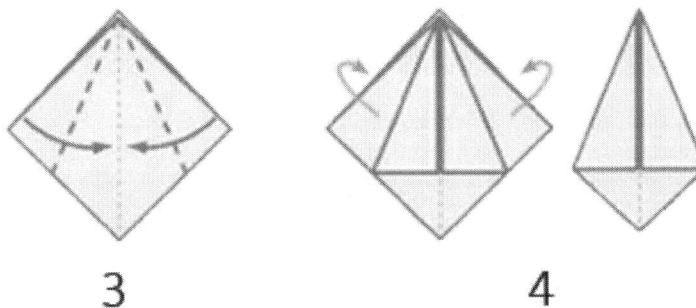

Passo 3:

piega **gli angoli esterni di un solo "strato" verso il centro**, seguendo le linee segnate nell'illustrazione.

Passo 4:

capovolgi il modello (in modo da vederne il retro) e ripeti il passaggio 3.

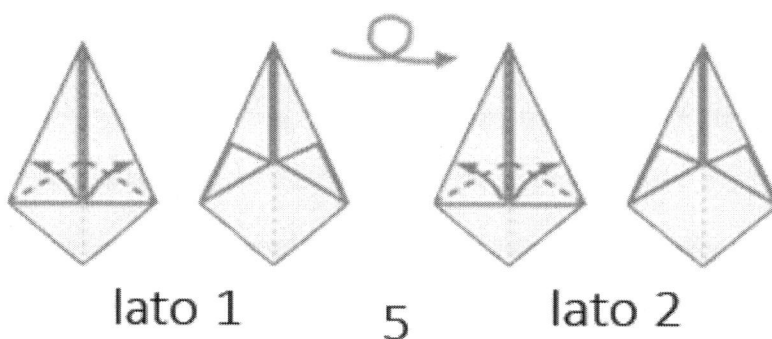

lato 1   5   lato 2

Passo 5:

piega gli angoli centrali verso l'esterno, di nuovo seguendo le diagonali mostrate nel disegno. Gli angoli devono toccare i bordi esterni dell'origami. Devi ripetere questa operazione anche nell'altro lato (il retro).

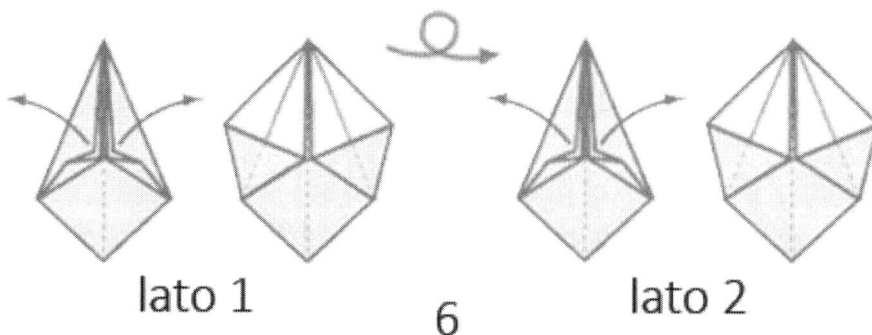

lato 1   6   lato 2

Passo 6:

ora devi "aprire" le "ali" che hai appena creato su tutti e due i lati del modello (fronte e retro): prendi i punti segnati in figura e spingili verso l'esterno. Poi appiattisci la carta: dovresti ottenere delle forme ad aquilone.

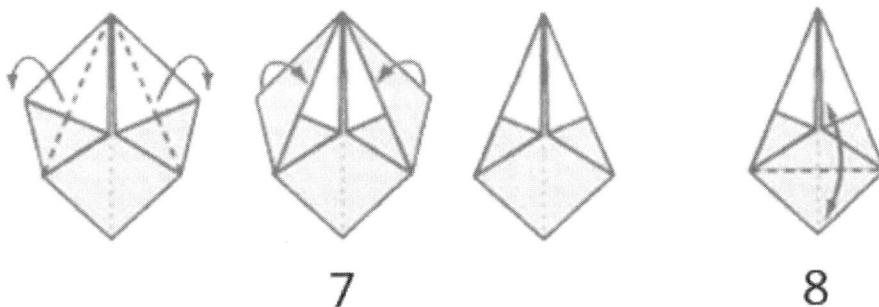

7

8

Passo 7:

piega a metà gli aquiloni, verso l'interno. Ripeti l'operazione anche sul retro del modello.

Passo 8:

prendi l'angolo inferiore e piegalo verso l'alto, seguendo la linea tratteggiata. Poi riapri: stiamo solo creando una piega.

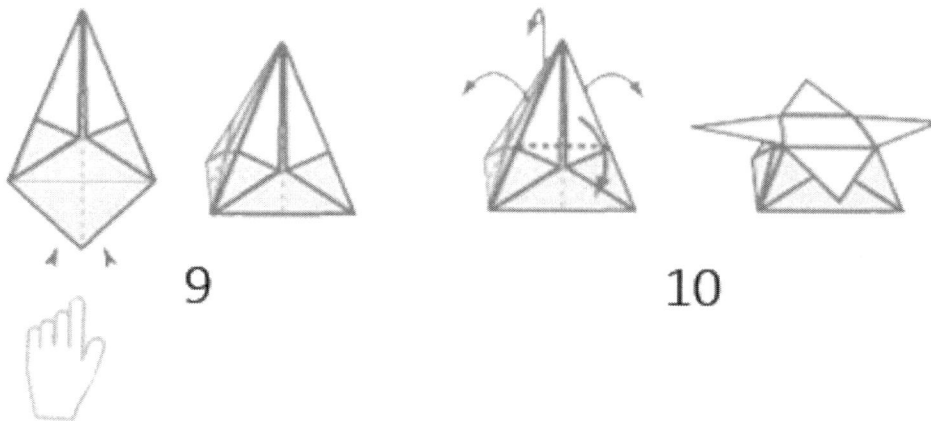

9

10

Passo 9:

sfruttando le pieghe appena fatte, spingi l'angolo inferiore verso l'alto: bisogna "aprire" il modello affinché diventi tridimensionale. Quella che stai toccando è la base.

Passo 10:

prendi tutti gli angoli in alto e piegali verso l'esterno: sono le punte della stella.

Hai completato la tua fantastica scatolina! Ora puoi dipingerla e personalizzarla: usala per riporre piccoli oggetti o bigliettini segreti. Attento però a non mettere troppo peso!

PESCE FACILE

Questo origami è facile da fare, ma è importante farsi aiutare da un genitore.

Segui i passaggi sottostanti per avere un pesce… diverso da Lucas!

ù

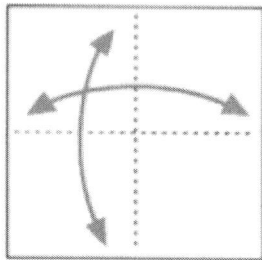 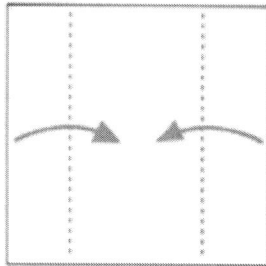 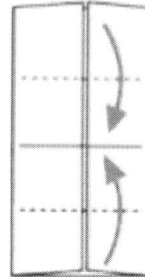 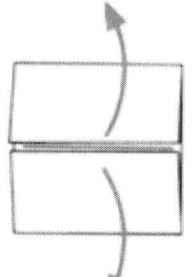

1 2 3 4

Passo 1:

prendi un pezzo di carta quadrato e piegalo a metà sia verticalmente che orizzontalmente. Poi riaprilo.

Passo 2:

piega il lato sinistro e destro a metà, verso il centro, in modo che si tocchino.

Passi 3-4:

piega il lato superiore e quello inferiore verso il centro, in modo che si tocchino. Questo passaggio serve solo per creare una piega, quindi riapri il foglio come era nella figura 3.

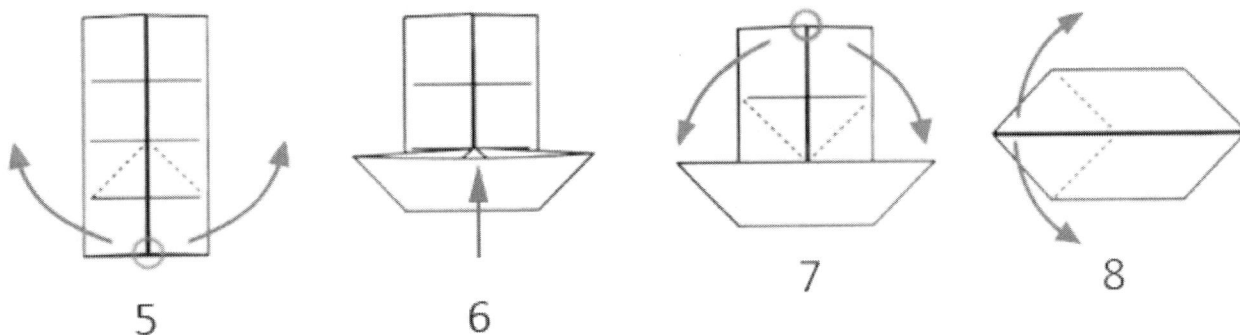

5   6   7   8

Passi 5-6:

prendi gli angoli inferiori interni (segnati nel disegno) e tirali verso l'alto e verso l'esterno. Poi schiaccia la piega inferiore.

Dovresti ottenere un foglio con la parte superiore a forma di quadrato e quella inferiore a forma di trapezio.

Passo 7:

ripeti i passi 5-6 per la parte superiore del foglio di carta: prendi gli angoli interni superiori e tirali verso il basso e verso l'esterno. Poi schiaccia la carta.

Passo 8:

prendi le due punte a destra e piegale verso l'esterno, seguendo la linea tratteggiata mostrata nell'illustrazione.

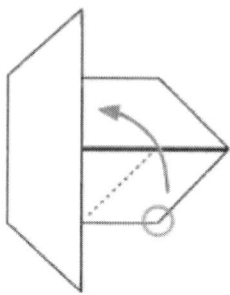 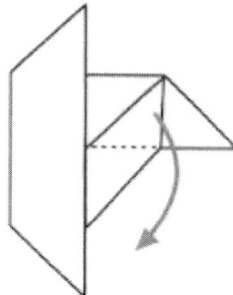 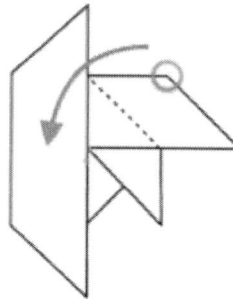 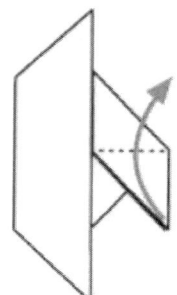

9   10   11   12

Passo 9:

piega verso l'alto l'angolo segnato con il cerchio, seguendo la linea tratteggiata.

Passo 10:

piega verso il basso l'aletta segnata dall'illustrazione, seguendo la linea tratteggiata.

Passo 11:

piega l'angolo segnato in verde verso il basso, in modo che coincida con l'angolo

segnato in rosso.

Passo 12:

piega verso l'alto l'aletta che si trova in basso a destra.

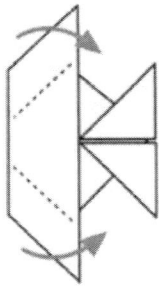 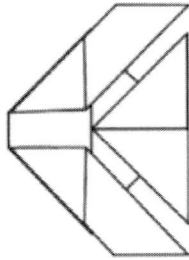 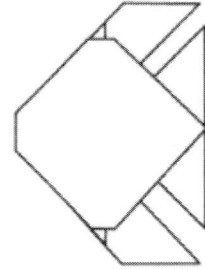

13   14   15

Passi 13-14:

piega il lato superiore e quello inferiore del pezzo di carta verso l'interno, seguendo le linee tratteggiate mostrate in figura. Dovresti ottenere il risultato mostrato dalla figura 14.

Passo 15

capovolgi il tuo origami, in modo da vederne il retro.

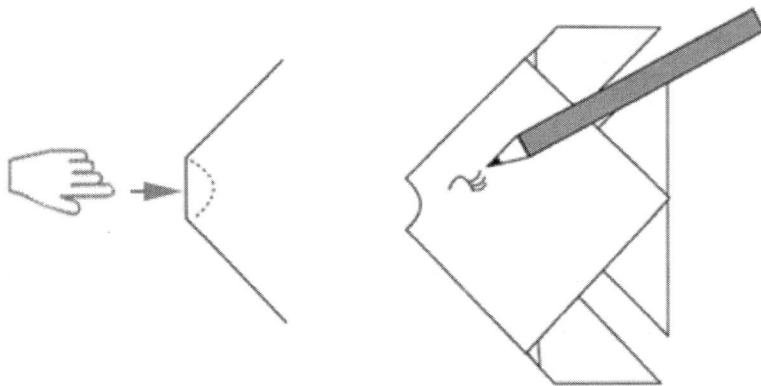

16

Passo 16:

con il dito, spingi il bordo all'estremità destra per fargli assumere una forma un po' più curva: è la bocca del pesciolino!

Ce l'hai fatta! Aggiungi un occhiolino e disegna le squame per completare l'opera!

Ora puoi appendere il tuo pesce origami ovunque tu voglia!

CAPITOLO 5: GIOCHI DI ORIGAMI DIVERTENTI

Ora che hai imparato a piegare, forse intendi a giocare con ciò che hai creato!

Questo è il capitolo giusto per farlo!

Magari conosci già alcuni di questi giochi, altri contengono le istruzioni per costruire nuovi origami! Qualcuno potrebbe essere difficile da piegare, quindi chiedi aiuto ad un adulto!

Buon divertimento! ☺

INDOVINO

L'indovino era un gioco di carta molto popolare negli anni '90 e all'inizio degli anni 2000 tra i bambini nelle scuole. Dovresti sapere come piegare un "Indovino" dato che è nel libro: se non te lo ricordi, torna a leggere "l'acchiappa mosche"!

Per giocare devi colorare i quattro lembi quadrati più esterni e aggiungere numeri negli 8 spazi triangolari più interni. Solleva i lembi di carta triangolari e sotto scrivi diciture di buona o cattiva sorte.

Chiedi ad un amico di scegliere uno dei quattro colori, quindi apri e chiudi l'indovino due volte. Chiedigli di scegliere uno dei due numeri che si trovano in corrispondenza del colore scelto. Apri l'aletta triangolare e rivela le parole che hai scritto in quella sezione! È così facile! Provalo!

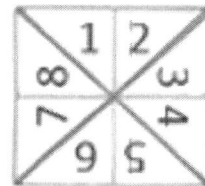

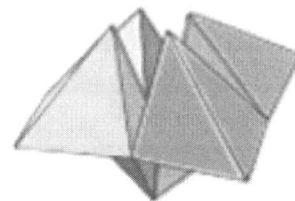

RANA CHE SALTA

Di seguito sono riportate le istruzioni su come piegare una rana: la sua particolarità
è che, una volta piegata, puoi farla saltare premendo la parte bassa della schiena!
Puoi completarla in meno di 5 minuti, sei pronto a vederla saltare?

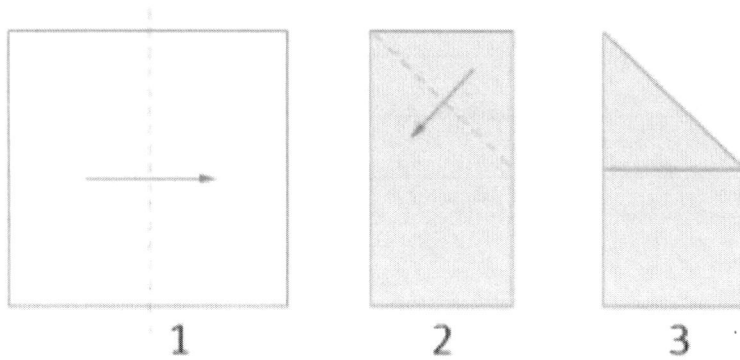

Passo 1:

prendi un foglio quadrato e piegalo a metà verticalmente.

Passi 2-3:

prendi l'angolo in alto a destra e piegalo verso il centro, seguendo l'asse tratteggiata mostrata in figura. Poi riportalo alla posizione di partenza: questo passaggio serve solo per creare una piegatura.

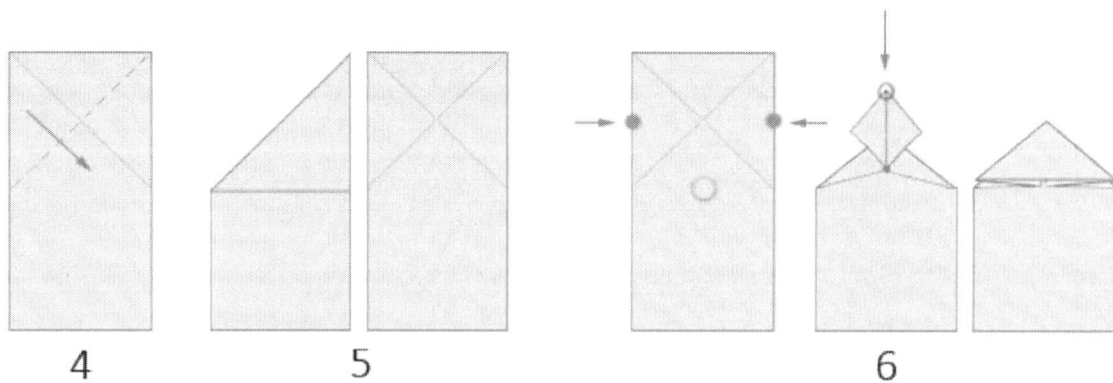

Passi 4-5:

ripeti le operazioni del passaggio 2, ma usando l'angolo in alto a destra. Alla fine otterrai due pieghe a "X" nella parte superiore del tuo foglio di carta.

Passo 6:

piega la parte superiore del tuo foglio verso l'interno: devi fare in modo che i due punti segnati dai pallini si incontrino al centro del rettangolo (segnato dal cerchio).

ora piega verso il basso il punto segnato dal cerchio: anche questo dovrà toccare il centro del foglio.

Poi appiattisci la carta in modo da ottenere una forma triangolare.

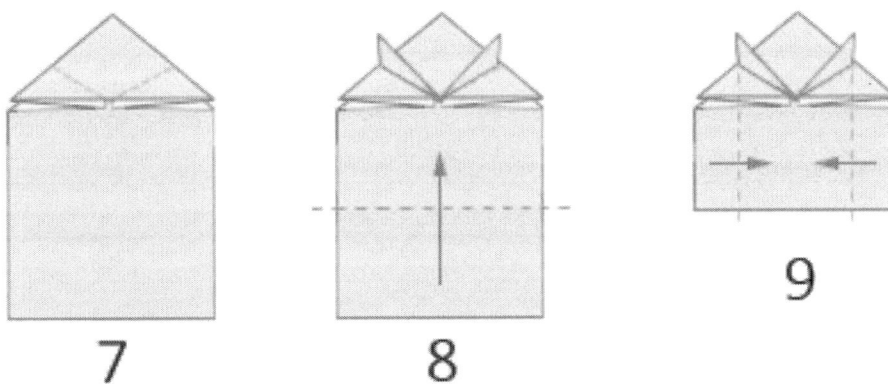

Passo 7:

prendi i due angoli inferiori del triangolo e piegali verso l'alto (devono rimanere sollevate), seguendo le linee tratteggiate mostrate nell'illustrazione.

Passo 8:

piega la metà, orizzontalmente, la parte inferiore del foglio (quella che ha la forma quadrata).

Passo 9:

piega verso il centro le porzioni laterali del foglio, seguendo le linee tratteggiate segnate in figura.

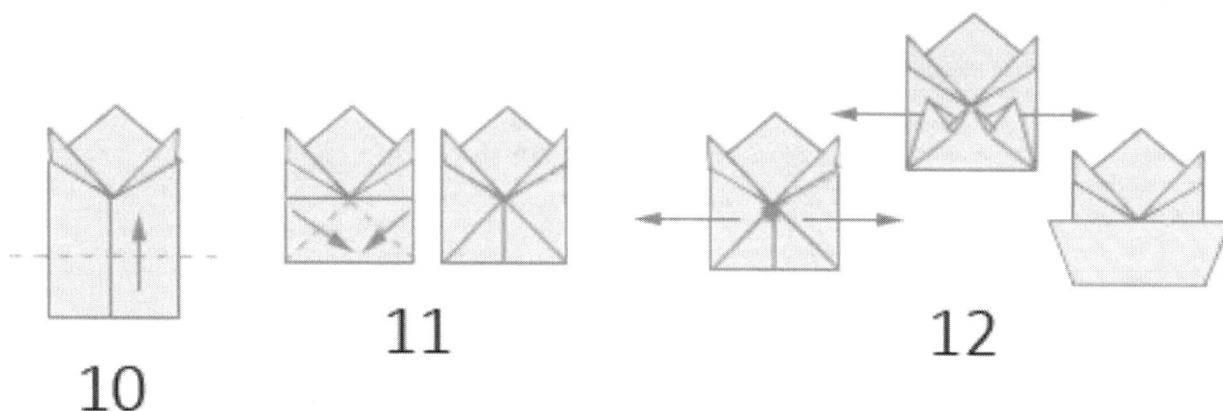

Passo 10:

piega la porzione inferiore a metà, orizzontalmente.

Passo 11:

prendi gli angoli superiori esterni della parte che hai appena piegato e piegali verso il centro, seguendo le diagonali mostrate nell'illustrazione.

Passo 12:

prendi i due angoli evidenziati nella figura e tirali verso l'esterno. Poi appiattisci la carta: quel lembo dovrebbe avere una forma a trapezio.

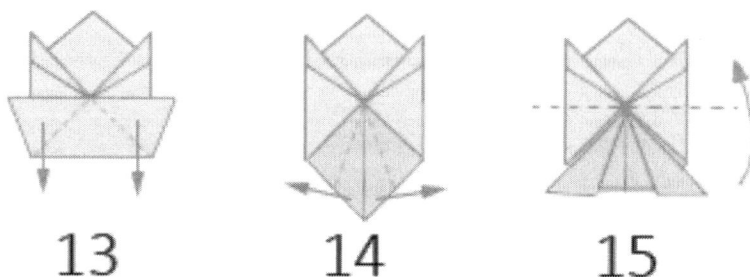

Passi 13-14:

piega gli angoli superiori del trapezio verso il basso, seguendo le diagonali segnate.

Poi, prendi gli angoli inferiori e piegali verso l'esterno, come per formare delle piccole ali.

Passo 15:

piega l'intero foglio a metà orizzontalmente.

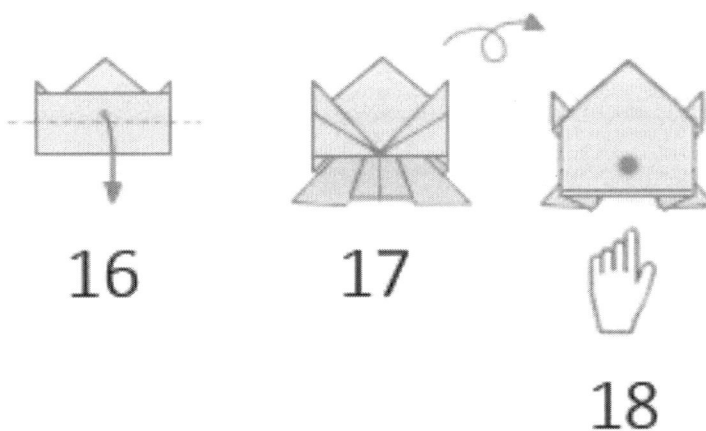

16   17

18

Passo 16:

prendi lo strato esterno (quello con forma rettangolare mostrato nel disegno) e piegalo a metà, orizzontalmente.

Passi 17-18:

capovolgi il foglio. Hai la tua simpaticissima rana!

Per farla saltare basta premere con il dito sul punto indicato nella figura. Impressionante, vero?

AEREO DI CARTA

Per questo gioco, prendi uno dei modelli costruiti nel capitolo 3 e sfida un tuo amico o tuo un familiare: chi lancia il proprio aereo più lontano?

Non c'è davvero altro da spiegare...quindi preparatevi al decollo!

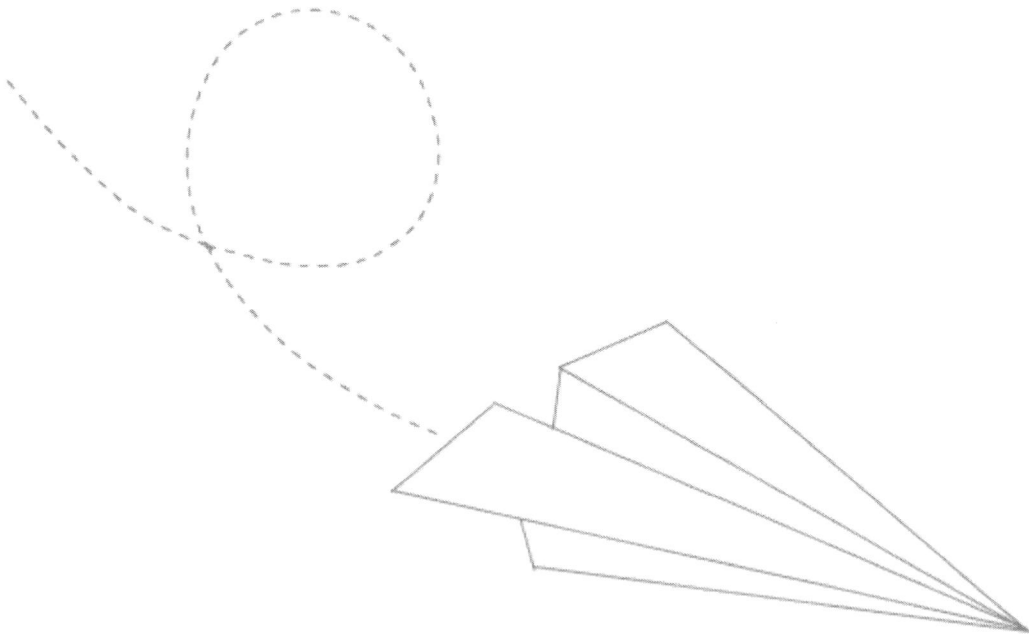

PALLACANESTRO DI CARTA

La pallacanestro di carta è in realtà abbastanza semplice da fare.

Il primo passaggio è quello di creare una scatola a stella, che abbiamo costruito nei capitoli precedenti.

Dopodiché, ti basta arrotolare una striscia di carta da usare come palla.

Ora cerca un amico o un familiare e sfidalo a fare canestro all'interno della scatola a stella!

Un'alternativa per questo gioco è quella di seguire le istruzioni qui sotto per realizzare un canestro origami. È molto divertente, prova!

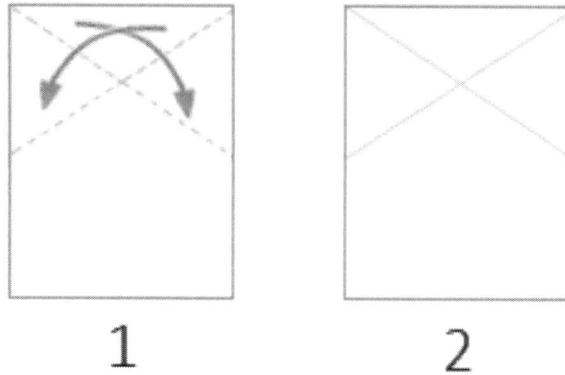

Passi 1-2:

utilizza un pezzo di carta rettangolare, abbastanza grande.

Piega il foglio diagonalmente: l'angolo superiore sinistro deve toccare il bordo destro. Segui la linea tratteggiata segnata in figura.

Poi riapri il foglio e fai lo stesso con l'angolo superiore destro: deve toccare il bordo sinistro.

Riapri di nuovo la carta: questo passaggio serve solo per creare due pieghe a "X".

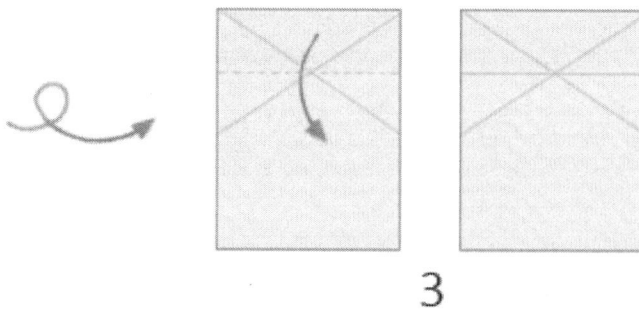

Passo 3:

capovolgi la carta dall'altra parte, in modo da vederne il retro.

Piegala orizzontalmente in modo che la piegatura si trovi al centro della nostra "X".

Poi riaprila.

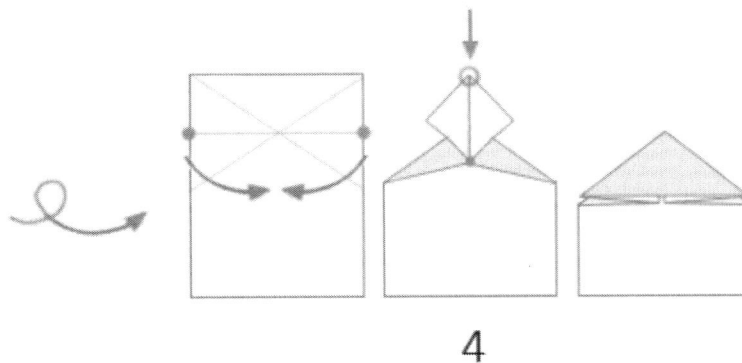

4

Passo 4:

capovolgi di nuovo il foglio.

Prendi i punti segnati dai cerchietti e piegali verso il centro, in modo che si tocchino.

Poi schiaccia la parte superiore, in modo da ottenere una forma a triangolo.

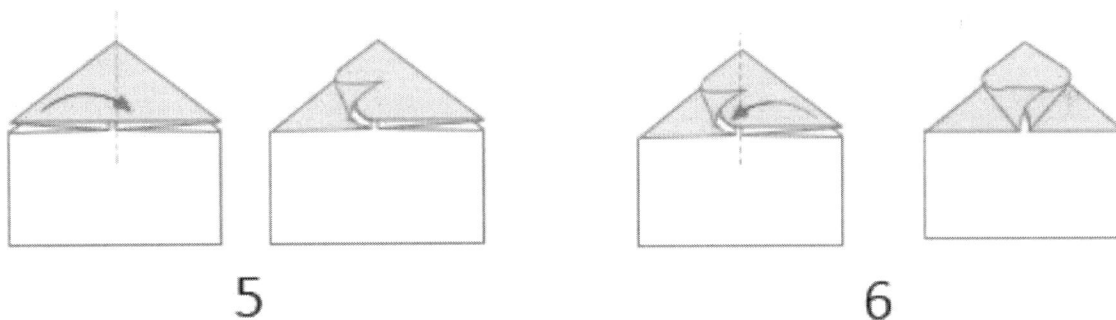

5   6

Passi 5-6:

prendi gli angoli inferiori destro e sinistro del triangolo e curvali verso il centro.

Sovrapponili un po' e attaccali con colla o nastro adesivo.

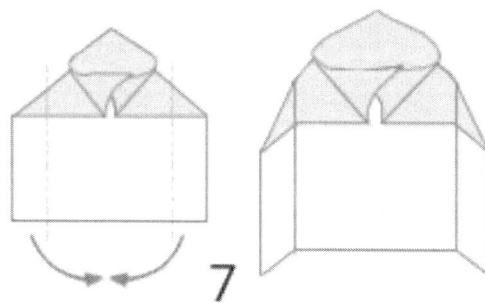

Passi 7-8:

Piega i bordi destro e sinistro del foglio un po' verso il centro, seguendo le linee tratteggiate mostrate nell'illustrazione. Questo passaggio serve per far stare in piedi la struttura.

Complimenti, ora hai il tuo canestro Origami! Arrotola una pallina di carta e divertiti!

FOOTBALL AMERICANO

Per il Football americano basta seguire le istruzioni qui sotto!

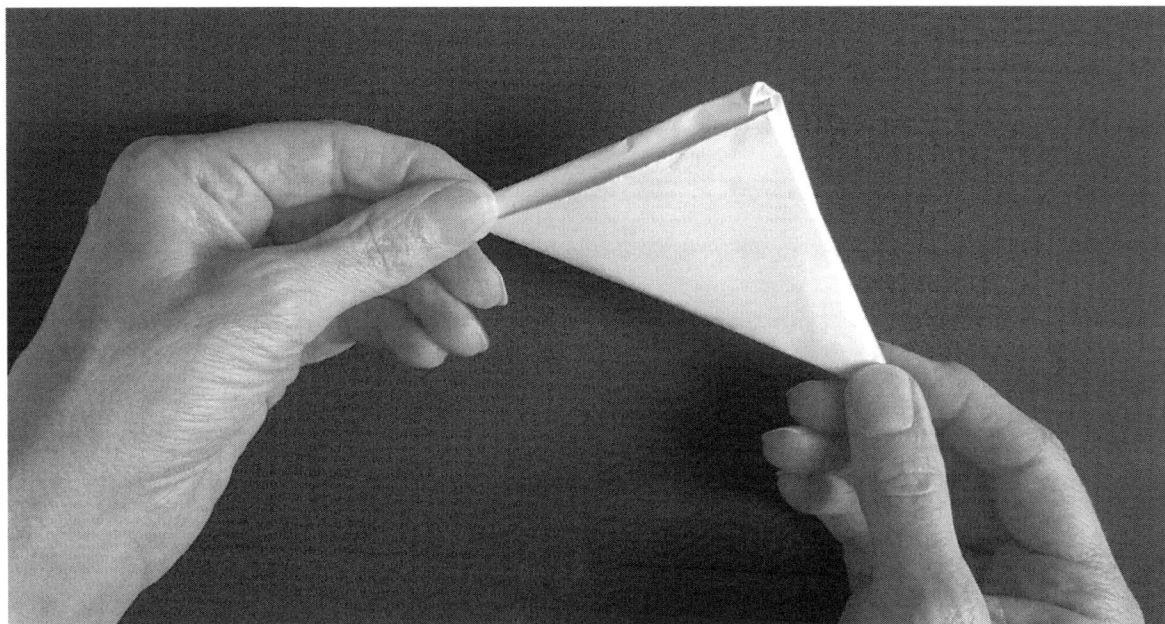

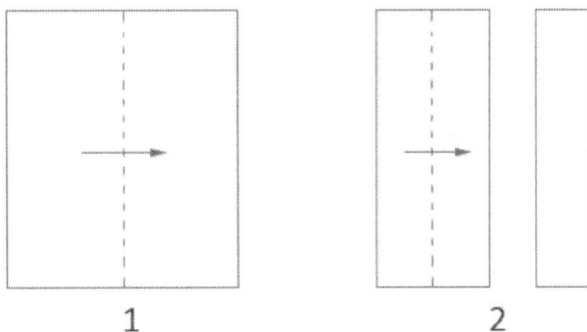

Passo 1:

usa un pezzo di carta rettangolare e piegalo a metà verticalmente: la parte sinistra deve sovrapporsi alla destra.

Passo 2:

piega nuovamente a metà verticalmente: la parte sinistra deve sovrapporsi alla destra.

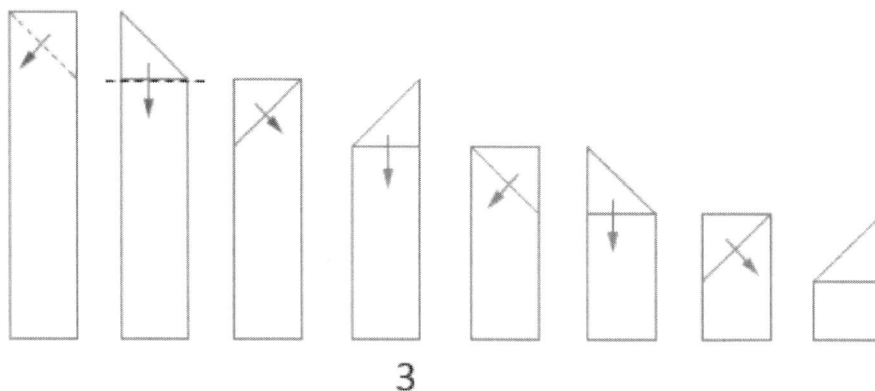

3

Passo 3:

piega l'angolo in alto a destra in modo che tocchi il bordo sinistra: segui la linea tratteggiata.

Una volta fatto piega la parte triangolare verso il basso.

Successivamente prendi l'angolo in alto a sinistra e piegalo in modo che tocchi il bordo destro.

Continua a piegare come mostrato nell'illustrazione fino a quando ti rimane solo una piccola porzione di carta sotto il tuo triangolo.

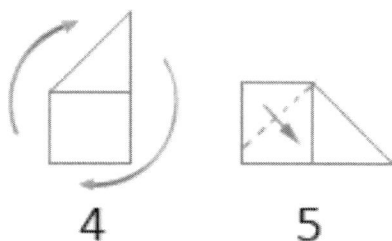

4   **5**

Passo 4:

ruota il tuo pezzo di carta di 90° verso destra, come mostrato nella figura.

Passo 5:

piega l'angolo in alto a destra verso il centro, seguendo la linea tratteggiata.

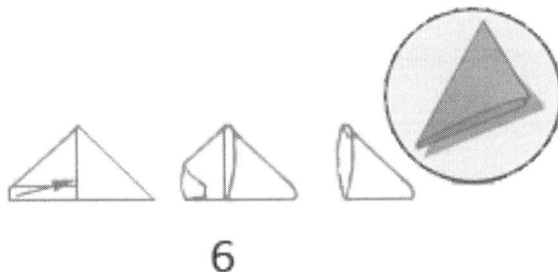

6

Passo 6:

prendi l'angolo in basso a sinistra e infilalo dentro la "tasca" della parte destra.

Lo scopo del gioco è quello di lanciare l'origami proprio, come un pallone da football, realizzato tenendolo con l'indice sinistro sopra una estremità e l'opposta sul tavolo, col medio della mano destra lanciarlo su una porzione delimitata (canestro) proprio come in foto.

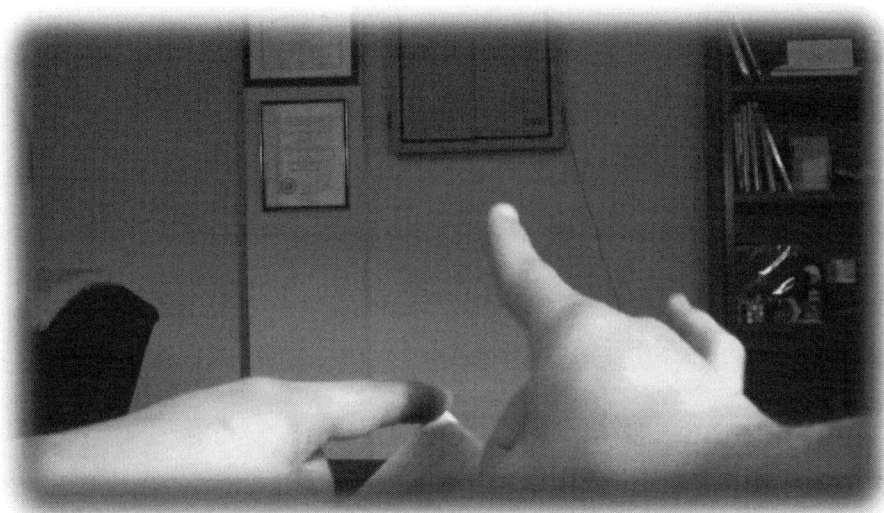

Se stai leggendo questo, significa che hai realizzato molti progetti di questo libro!

Se è così, congratulazioni: speriamo di cuore ti sia divertito!

I progetti Origami descritti qui sono stati tradotti dai bimbi assieme ad un aiuto adulto durante un'iniziativa di gemellaggio chiamata "Relationships over all", presso la scuola primaria di Kensal Green.

Le creazioni sono principalmente rivolte a bambini, tuttavia sono ottime per i principianti di tutte le età!

Grazie per aver letto questo libro! Se puoi, lascia una recensione positiva su Amazon: sarà d'aiuto! IL DEVOLUTO VERRA' SUDDIVISO TRA LE FAMIGLIE CHE HANNO CONTRIBUITO ALLA STESURA DI QUEST'OPERA.

Un abbraccio

Printed in Poland
by Amazon Fulfillment
Poland Sp. z o.o., Wrocław